Kunst- und Kulturmanagement

Reihe herausgegeben von
A. Hausmann, Ludwigsburg, Deutschland

Ziel der Reihe „Kunst- und Kulturmanagement" ist es, Studierende, Wissenschaftler, Kunst- und Kulturmanager sowie sonstige Interessierte in komprimierter Weise in das Fachgebiet einzuführen und mit den wesentlichen Teilgebieten vertraut zu machen. Durch eine abwechslungsreiche didaktische Aufbereitung und die Konzentration auf die wesentlichen Methoden und Zusammenhänge, soll dem Leser ein fundierter Überblick gegeben sowie eine rasche Informationsaufnahme und -verarbeitung ermöglicht werden. Die Themen der einzelnen Bände sind dabei so gewählt, dass sie den gesamten Wissensbereich des modernen Kunst- und Kulturmanagement abbilden. Für die Studierenden muss eine solche Reihe abgestimmt sein auf die Anforderungen der neuen Bachelor- und Masterstudiengänge. Die (auch prüfungs-) relevanten Teilgebiete des Fachs „Kunst- und Kulturmanagement" sollen daher abgedeckt und in einer komprimierten, systematisch aufbereiteten und leicht nachvollziehbaren Form dargeboten werden. Für bereits im Berufsleben stehende Kunst- und Kulturmanager sowie sonstige Interessierte muss die Reihe den Anforderungen gerecht werden, die eine arbeits- und zeitintensive Berufstätigkeit mit sich bringt: Kurze und prägnante Darstellung der wichtigsten Themen bei Sicherstellung aktueller Bezüge und eines qualitativ hochwertigen Standards. Es ist unbedingter Anspruch der jeweiligen Autorenbücher, diesen Interessenslagen gerecht zu werden. Dabei soll neben einer sorgfältigen theoretischen Fundierung immer auch ein hoher Praxisbezug gewährleistet werden.

Weitere Bände in der Reihe http://www.springer.com/series/12633

Patrick Glogner-Pilz

Kulturpublikums-forschung

Grundlagen und Methoden

2., erweiterte und überarbeitete Auflage

Patrick Glogner-Pilz
Ludwigsburg, Deutschland

ISSN 2626-0557　　　　　　ISSN 2626-0573　(electronic)
Kunst- und Kulturmanagement
ISBN 978-3-658-02147-4　　　ISBN 978-3-658-02148-1　(eBook)
https://doi.org/10.1007/978-3-658-02148-1

Die Deutsche Nationalbibliothek verzeichnet diese Publikation in der Deutschen National-bibliografie; detaillierte bibliografische Daten sind im Internet über http://dnb.d-nb.de abrufbar.

Springer VS
© Springer Fachmedien Wiesbaden GmbH, ein Teil von Springer Nature 2011, 2019
Das Werk einschließlich aller seiner Teile ist urheberrechtlich geschützt. Jede Verwertung, die nicht ausdrücklich vom Urheberrechtsgesetz zugelassen ist, bedarf der vorherigen Zustimmung des Verlags. Das gilt insbesondere für Vervielfältigungen, Bearbeitungen, Übersetzungen, Mikroverfilmungen und die Einspeicherung und Verarbeitung in elektronischen Systemen.
Die Wiedergabe von Gebrauchsnamen, Handelsnamen, Warenbezeichnungen usw. in diesem Werk berechtigt auch ohne besondere Kennzeichnung nicht zu der Annahme, dass solche Namen im Sinne der Warenzeichen- und Markenschutz-Gesetzgebung als frei zu betrachten wären und daher von jedermann benutzt werden dürften.
Der Verlag, die Autoren und die Herausgeber gehen davon aus, dass die Angaben und Informationen in diesem Werk zum Zeitpunkt der Veröffentlichung vollständig und korrekt sind. Weder der Verlag, noch die Autoren oder die Herausgeber übernehmen, ausdrücklich oder implizit, Gewähr für den Inhalt des Werkes, etwaige Fehler oder Äußerungen. Der Verlag bleibt im Hinblick auf geografische Zuordnungen und Gebietsbezeichnungen in veröffentlichten Karten und Institutionsadressen neutral.

Verantwortlich im Verlag: Nora Valussi

Springer VS ist ein Imprint der eingetragenen Gesellschaft Springer Fachmedien Wiesbaden GmbH und ist ein Teil von Springer Nature
Die Anschrift der Gesellschaft ist: Abraham-Lincoln-Str. 46, 65189 Wiesbaden, Germany

Inhalt

1 Einleitung 1

2 Grundlagen der Kulturpublikumsforschung 9
   2.1 Der „einfache Blick" auf das Publikum 9
   2.2 Was bedeutet „Wissenschaftlichkeit" und „Empirie"? 10
   2.3 Publikumsformen 12
   2.4 Untersuchungsgegenstände der Kulturpublikumsforschung 14
   2.5 Quantitative und qualitative Kulturpublikumsforschung 16

3 Konzeption und Planung einer Kulturpublikumsstudie 23
   3.1 Ablauf einer empirischen Kulturpublikumsstudie 23
   3.2 Formulierung und Eingrenzung der Zielsetzung 27
   3.3 Theorien und Hypothesen in der akademischen
       Kulturpublikumsforschung 30
   3.4 Die Übertragung in ein Erhebungsinstrument 32

4 Die Befragung in der Kulturpublikumsforschung 39
   4.1 Grundlagen 39
   4.2 Formen der Befragung 44

5 Die Beobachtung in der Kulturpublikumsforschung 67
   5.1 Grundlagen 67
   5.2 Formen der Beobachtung 70

6 Die Inhaltsanalyse in der Kulturpublikumsforschung 77
   6.1 Grundlagen 77
   6.2 Formen der Inhaltsanalyse 80

7 Das Experiment in der Kulturpublikumsforschung 83

8 Die Stichprobenziehung 89
   8.1 Grundlagen 89
   8.2 Stichprobenverfahren 90
   8.3 Mögliche Fehlerquellen und Umgang mit Non-Response 95

9 Der Pretest und letzte Vorbereitungen 99

10 Die Auswertung 103
   10.1 Quantitativ-statistische Analysen 103
   10.2 Qualitative Inhaltsanalyse 110

11 Schlussbemerkung 119

Literatur 121

Einleitung 1

Publikumsforschung im Kulturbereich ist seit einigen Jahren ohne Zweifel eines der Themen, die im Kulturmanagement, in der Kulturpolitik und in der Kulturvermittlung massiv an Bedeutung gewonnen haben. Der Grund für dieses Interesse am Kulturpublikum kann hauptsächlich auf die wirtschaftlichen, politischen und gesellschaftlichen Veränderungen zurückgeführt werden, mit denen die deutsche Kulturlandschaft in der jüngeren Vergangenheit und aktuell konfrontiert wird. So haben beispielsweise die Haushalte von Bund, Ländern und Kommunen mit erheblichen finanziellen Problemen zu kämpfen, was zu deutlichen Rückgängen bei den öffentlichen Fördermitteln führt. Gleichzeitig agieren immer mehr kommerzielle Akteure auf dem Freizeit-, Kultur- und Medienmarkt und nehmen mit ihrer Angebotsausweitung erheblichen Einfluss auf das Nachfrageverhalten der Kulturnutzerinnen und -nutzer. Als ein weiterer Problembereich zu nennen ist der sich bereits heute abzeichnende demografische Wandel unserer Gesellschaft, der massive Konsequenzen auf die Größe und Zusammensetzung der Zielgruppen für Kulturangebote haben wird.

Für Kulturmanager, Kulturpolitiker und Kulturvermittler ergeben sich aufgrund dieser Entwicklungen gleich mehrere Herausforderungen, bei denen das Publikum eine zentrale Rolle spielt. In Folge des Rückgangs der Förderaktivitäten sind öffentliche und öffentlich bezuschusste Kulturinstitutionen zum einen dazu gezwungen, ihre Eigeneinnahmen über Eintrittsgelder, Gastronomie, Merchandising etc. zu erhöhen, zum anderen sehen sie sich in ihren Bemühungen um Zuschüsse einem zunehmenden Legitimationsdruck gegenüber Politik und Öffentlichkeit ausgesetzt. Darüber hinaus kommt es durch die Vielzahl verschiedenster Angebote öffentlicher und kommerzieller Kulturanbieter zu einem bislang nicht da gewesenen Konkurrenzkampf um Besucherinnen und Besucher.

Eine wesentliche Voraussetzung für einen angemessenen Umgang mit diesen Herausforderungen ist die genaue Kenntnis sowohl des eigenen Kulturpublikums als auch der potenziellen Zielgruppen. Die Erkenntnisinteressen sind dabei sehr vielfältig und hängen stark davon ab, ob es um die Gewinnung neuer Besucherinnen und Besucher oder um die Bindung des bestehenden Publikums geht, ob man Vermittlungsprozesse initiieren oder optimieren will oder ob es um die Überzeugung politischer Gremien geht, die ihre Entscheidung über weitere Fördermittel von einem Nachweis über die behaupteten „Wirkungen" einer kulturellen Initiative abhängig machen.[1]

Doch nicht nur im Rahmen solcher eher – aber nicht ausschließlich – anwendungsorientierten Herausforderungen ist Publikumsforschung von Relevanz, sondern natürlich auch für die kulturwissenschaftliche und kultursoziologische Grundlagenforschung. Von Interesse ist hier beispielsweise die Rolle des Publikums als „Wesenselement" des künstlerischen Prozesses (Eco 1977, vgl. exemplarisch zum Theaterpublikum Fischer-Lichte 1997). Anders als im Medienbereich, in dem die publikumsorientierte Aneignungs- und Rezeptionsforschung seit über vier Jahrzehnten eine umfassende Tradition hat, die zu einer inzwischen nahezu unüberschaubaren Anzahl empirischer Studien geführt hat, ist bei vergleichbaren kulturwissenschaftlichen und -soziologischen Forschungsaktivitäten eher Zurückhaltung zu beobachten (vgl. auch Glogner und Rhein 2005, S. 431). Besonders relevant sind des Weiteren die viel diskutierten allgemein-gesellschaftlichen Zusammenhänge zwischen sozialer Herkunft und kultureller Inklusion bzw. Exklusion (vgl. zum Beispiel Bourdieu 1998; Schulze 1997; Parzer 2010; Kunißen et al. 2018), die bislang jedoch nur selten mit Blick auf die Publika konkreter Kulturveranstaltungen zum Gegenstand empirischer Untersuchungen gemacht wurden.

Was sind nun die zentralen Fragestellungen und Erkenntnisinteressen der Publikumsforschung? Betrachtet man die vorliegenden empirischen Studien, so lassen sich grob folgende inhaltliche Bereiche festhalten (vgl. Klein 2008, S. 48; Föhl und Nübel 2016, S. 223 ff.; Günter 2016, S. 660 f.; vgl. auch Kapitel 2.4), wobei das Ausmaß der Forschungsaktivitäten – und damit einhergehend die Breite und Qualität der Befunde – jeweils stark variiert:

- *soziodemografische/-ökonomische Fragestellungen*: zum Beispiel Alter, Geschlecht, Einkommen, Migrationshintergrund, regionale Herkunft;

---

1 Vgl. in diesen Zusammenhängen zum Beispiel auch Fuchs/Liebald (1995), Hausmann und Günter (2012), Hausmann und Helm (2006), Institut für Kulturpolitik der Kulturpolitischen Gesellschaft e. V. (2005, 2006), Klein (2008, 2011a, 2011b, 2017), Knava (2009, 2014), Mandel (2005, 2008, 2013, 2016), Pröbstle (2014), Reussner (2010), Siebenhaar (2009, 2015), Wegner (2015). Verwiesen sei an dieser Stelle auch auf die Forschungsaktivitäten in der Kulturellen Bildung, wo verstärkt die Konsequenzen und (Transfer-)Wirkungen des eigenen Tuns einer empirischen Prüfung und kritischen Diskussion unterzogen werden, wobei jedoch die Kulturpublikumsforschung „im engeren Sinne" verhältnismäßig wenig Aufmerksamkeit bekommt (vgl. zum Beispiel Fink et al. 2012; Hamer 2014; Konietzko et al. 2017; Liebau et al. 2014; Reinwand-Weiss 2013; Rittelmeyer 2010).

1 Einleitung

- *einstellungs-, motiv- und wirkungsbezogene Fragestellungen*: zum Beispiel Erwartungen an einen Besuch; Meinungen, Einstellungen und Assoziationen zu einer Kultureinrichtung; Identifikation mit einer Kulturinstitution; Eindrücke nach dem (Erst-)Besuch einer Kultureinrichtung; Nutzungspräferenzen und Präferenzstrukturen; Entscheidungsprozesse von Besuchern und ihre Einflussfaktoren; Besuchsbarrieren; Zufriedenheit mit Kultureinrichtungen und ihren Leistungsmerkmalen; Abwanderungsgründe; Aneignung und Wirkung der Kulturnutzung;
- *verhaltensbezogene Daten*: zum Beispiel Besuchshäufigkeit/-intensität und ihre Determinanten; Besuch von Kultureinrichtungen und Begleitung; genutzte Distributionskanäle beim Kartenerwerb; Planungszeiträume; Kommunikation über die Kulturnutzung; Informations- und Empfehlungsverhalten der Besucher;
- *sonstige Fragestellungen*: zum Beispiel Besucherpotenzial/-reichweite in der Bevölkerung, Existenz sozialer Erwünschtheitseffekte in Bevölkerungsumfragen und ihre Auswirkungen auf die Ergebnisse solcher Studien; Wertschätzung öffentlicher Kultureinrichtungen in der Bevölkerung; Finanzierungsfragen aus Sicht der Besucher.

Um sich ein differenziertes Bild über die Kulturnutzer machen zu können, wird verstärkt der Weg einer eigenen Besucherstudie gegangen. Bei einer im Jahr 2007 veröffentlichten Untersuchung gaben mehr als die Hälfte der 301 mitwirkenden öffentlichen Museen, Theater, Opern und Orchester an, in der Zeit von 2002 bis 2006 bereits selbst Besucherforschungsprojekte durchgeführt zu haben (Zentrum für Audience Development 2007, S. 8, 35, 39). Eine 2016 veröffentlichte Studie ergab ferner, dass 32 Prozent der teilnehmenden Kunstmuseen (bezogen nur auf Nordrhein-Westfalen) und 55 Prozent der mitwirkenden Theater/Opernhäuser (bezogen auf die Bundesrepublik) in den letzten fünf Jahren Besucherumfragen durchgeführt haben (Reuband 2016, S. 10 f.). Eine andere – weitaus weniger aufwändige – Möglichkeit ist die Recherche und Sichtung bereits vorhandener Publikums- und Lebensstilstudien aus dem Bereich der akademischen Forschung und der kommerziellen Marktforschung. Zu nennen sind hier zunächst die großen und repräsentativen Studien zum Kulturnutzungsverhalten der Bevölkerung im Allgemeinen (vgl. zusammenfassend auch Föhl und Glogner-Pilz 2016).

Die seit 1991 vom Zentrum für Kulturforschung veröffentlichten Kulturbarometer (Zentrum für Kulturforschung 1991; zuletzt Keuchel 2011) vereinen beispielsweise auf der Basis repräsentativer Befragungen empirische Grundlagendaten zum deutschen Kulturpublikum. Die KulturBarometer sind ein zentrales Nachschlagewerk, wenn ein empirischer Überblick gewonnen werden soll. Hierzu zählen zum Beispiel kulturelle Neigungen unterteilt nach der Einkommenssituation, dem Alter, dem

Geschlecht, dem Bildungsgrad oder der politischen Ausrichtung. In diesem Zusammenhang zu erwähnen sind auch die Jugend-KulturBarometer (Keuchel und Wiesand 2006; Keuchel und Larue 2012), das KulturBarometer 50+ (Keuchel und Wiesand 2008) sowie das InterKulturbarometer (Keuchel 2012), die sich eingehend der Kulturpartizipation junger Menschen von 14 bis 25 Jahren, der Generation der über 50-Jährigen und der Menschen mit Migrationshintergrund widmen. Angemerkt sei ferner, dass für die Schweiz seit 2010 die Studie „Kulturverhalten in der Schweiz" des Bundesamtes für Statistik vorliegt (vgl. http://www.bfs.admin.ch), die in ähnlicher Weise wie die deutschen KulturBarometer die Teilnahme an kulturellen Angeboten, die eigenen kulturellen Aktivitäten als Amateur, die Mediennutzung sowie die Motivationsgründe der Kulturnutzung analysiert.

Des Weiteren zu nennen ist die ARD/ZDF-MedienNutzer-Typologie (Hartmann und Höhne 2007; Oehmichen 2007; Neuwöhner und Klingler 2011; Hartmann und Schlomann 2015), die vorrangig zur Segmentierung des Publikums von Hörfunk und Fernsehen entwickelt wurde. Durch den Einbezug von soziodemografischen Daten und die Berücksichtigung von Merkmalen wie Freizeitverhalten und Themeninteressen, ergänzt um Lebensziele, Grundwerte und einige Persönlichkeitseigenschaften, sind aber auch Rückschlüsse auf das Kulturinteresse und die Kulturnutzung der verschiedenen Segmente möglich.

Für Kulturschaffende ebenfalls von Interesse sind die vom Milieu- und Trendforschungsinstitut SINUS Markt- und Sozialforschung GmbH entwickelten „Sinus-Milieus", die demografische Eigenschaften wie Bildung, Beruf oder Einkommen mit den realen Lebenswelten der Menschen, das heißt mit ihrer Alltagswelt, ihren unterschiedlichen Lebensauffassungen und Lebensweisen verbinden.[2] Es werden u. a. die Einstellungen zu Arbeit, Familie, Freizeit, Geld oder Konsum erhoben. Dadurch wird der Mensch ganzheitlich dargestellt, insbesondere in Bezug auf das, was für sein Leben Bedeutung besitzt.

Neben diesen umfassenden und breiten Studien, die das Kulturnutzungsverhalten ganzer Bevölkerungsteile genauer beleuchten, gibt es inzwischen aber auch eine Vielzahl an kleineren Forschungsarbeiten, die sehr spezifischen Fragestellungen nachgehen oder einzelne Sparten genauer betrachten. Übersichten zu diesen Studien und weiterführende Informationen zu Fragestellungen, Methoden und Ergebnissen sind unter anderem zu finden

---

2   Vgl. ausführlich www.sinus-institut.de; speziell zu den SINUS-Migrantenmilieus sei empfohlen: Ministerpräsident des Landes Nordrhein-Westfalen (2010), Hallenberg (2017).

1 Einleitung

- im Fachportal „www.kulturvermittlung-online.de" des Instituts für Kulturpolitik der Universität Hildesheim. Vorgestellt wird eine Vielzahl quantitativer und qualitativer Forschungsprojekte in den Kategorien Kulturelle Bildung, Kunstrezeptionsforschung, Audience Development, Kulturnutzerforschung sowie Kulturmarketing und Kultur-PR.
- in der Publikation „Handbuch Kulturpublikum. Forschungsfragen und -befunde" (Glogner-Pilz und Föhl 2016a). Ausgehend von theoretischen, methodischen und begrifflichen Grundlagen der Kulturpublikumsforschung werden die zentralen Befunde hinsichtlich der Publikazusammensetzung, der Nutzungsmotive und der Rezeptionsweisen und -spezifika für die wichtigsten Kultursparten aufgezeigt und diskutiert. Ferner wird auf innovative Ansätze und internationale Trends, aber auch auf Grenzen der Kulturpublikumsforschung eingegangen.
- im Jahrbuch für Kulturpolitik des Instituts für Kulturpolitik der Kulturpolitischen Gesellschaft (2005) und dem Tagungsband „publikum.macht.kultur" (Institut für Kulturpolitik der Kulturpolitischen Gesellschaft 2006): In beiden Veröffentlichungen werden umfassende Materialien und Studien zu verschiedensten Fragen der Kulturpublikumsforschung bereitgehalten.[3]
- im Jahrbuch für Kulturmanagement mit dem Fokus „Zukunft Publikum" (Bekmeier-Feuerhahn et al. 2012) „Vorgestellt und diskutiert werden neue Beteiligungsformen und interaktive Kulturwahrnehmungen: Wie sehen die Kulturangebote der Zukunft aus? Wer sind die Besucher von morgen, wer die Kulturschaffenden? Wie äußern sich Überschneidungen zwischen Kulturkonsum, -produktion und -gestaltung?" (Höhne und Bekmeier-Feuerhahn 2012, S. 11).

Betont werden soll, dass die genannten Übersichten nicht nur dann von Interesse sind, wenn man sich mit der Auswertung bereits bestehender Untersuchungen befasst. Gerade auch im Falle der Planung eigener Besucherstudien sollten vorhandene Publikumsstudien systematisch gesichtet werden, um sich vorab über den aktuellen Forschungsstand in der eigenen oder auch in anderen Sparten und Sektoren zu informieren. Hierdurch können bereits existierende Erkenntnisse berücksichtigt und gleichzeitig wichtige Lerneffekte in Bezug auf die methodische Vorgehensweise für die eigenen Untersuchungen erzielt werden.

---

3 Verwiesen sei hier außerdem auf das Kulturpolitische Informationssystem der Kulturpolitischen Gesellschaft (http://www.kupoge.de/kis.html). Hilfreich sind des Weiteren die Internetseiten der jeweiligen Kulturverbände und -institute (zum Beispiel Deutscher Bühnenverein, Deutsches Musikinformationszentrum, Institut für Museumsforschung).

Obwohl es einerseits offensichtlich ein breites Interesse an Fragen der Publikumsforschung gibt und auch die Kulturinstitutionen vielfältige Aktivitäten in diesem Bereich zeigen, bestehen nach wie vor häufig Berührungsängste bei Studierenden ebenso wie bei Kulturpraktikern, wenn es um eine eingehendere Beschäftigung mit den Methoden der Publikumsforschung geht – so zumindest die Beobachtung des Autors, der in diesem Bereich seit vielen Jahren Aus- und Fortbildungen anbietet. Die Folge dieser fehlenden methodischen Auseinandersetzung ist, dass wissenschaftliche (Mindest-)Standards bei Besucherstudien häufig nicht eingehalten werden, dass keine eindeutige Zielsetzung der Studie erkennbar ist oder dass der Aufwand und die Anforderungen in der Erhebungs- und Auswertungsphase falsch eingeschätzt werden.

Doch nicht nur für die Durchführung eigener Untersuchungen ist die Kenntnis von Methoden der Publikumsforschung von Relevanz. Auch bei der Recherche und Sichtung vorhandener Untersuchungen ebenso wie bei der Vergabe einer Auftragsstudie sollten methodische Grundkenntnisse vorhanden sein, um die jeweilige Vorgehensweise und die gewonnenen Daten kritisch einschätzen zu können und auf ihre Relevanz für die eigene Institution zu prüfen. Zu bedenken ist in diesem Zusammenhang immer, dass die Ergebnisse eine wesentliche Grundlage für unter Umständen weitreichende kulturpolitische und kulturmanageriale Entscheidungen sind – sei es nun eine strategische Neuausrichtung oder ein neues Marketingkonzept. Eine falsche Einschätzung des Datenmaterials aufgrund fehlender Methodenkenntnisse könnte unter Umständen erhebliche negative Konsequenzen für die weitere Entwicklung der betroffenen Kulturinstitution haben.

Entsprechend dieser Überlegungen soll es in diesem Buch auch nicht darum gehen, in die bisherigen Befunde der empirischen Publikumsforschung im Kulturbereich einzuführen (vgl. hierzu die bereits weiter oben genannten Werke). Ziel ist es vielmehr, einen Überblick über die wesentlichen Grundlagen und Methoden der Publikumsforschung zu geben. Ausgangspunkt soll hierbei zunächst die Frage sein, was unter „Wissenschaftlichkeit" und „empirischer Forschung" zu verstehen ist und welche Grundregeln wissenschaftlichen Arbeitens bei jeder Publikumsstudie unbedingt zu beachten sind – ob man diese nun selbst plant oder „nur" kritisch liest. Daraufhin werden die verschiedenen Publikumsformen einer systematischen Betrachtung unterzogen, da die Entscheidung für eine bestimmte Publikumsdefinition zum Teil erhebliche Konsequenzen für forschungsmethodische Entscheidungen hat. In einem nächsten Schritt wird erläutert, was unter qualitativer und quantitativer Publikumsforschung zu verstehen ist und welche Vor- und Nachteile damit jeweils verbunden sind. Danach wird der Ablaufprozess einer empirischen Publikumsuntersuchung genauer betrachtet: Es wird erläutert, was bei der Zielformulierung zu bedenken ist und wie man von der Frage- bzw. Problemstellung

1 Einleitung

zur konkreten Besuchererhebung kommt. Bei der anschließenden Vorstellung der Erhebungsmethoden wird ein besonderes Augenmerk auf den schriftlichen Fragebogen, das qualitative Interview und die Beobachtung gerichtet, da diese in der Kulturpublikumsforschung von besonderer Relevanz sind. Ferner wurden im Rahmen der Überarbeitung für die Neuauflage die Inhaltsanalyse und das Experiment ergänzt. Abschließend wird aufgezeigt, was bei der Stichprobenziehung zu beachten ist und welche Möglichkeiten der Datenauswertung bestehen. Aufgrund der immer größeren Bedeutung des Einsatzes von Neuen Medien in der empirischen Forschung wird dieser Aspekt in der Neuauflage ebenfalls berücksichtigt.

Es sei angemerkt, dass der vorliegende Band sowohl Praktikern aus dem Kulturbereich als auch Studierenden des Kulturmanagements, der Kulturpolitik und der kulturellen Bildung eine erste Einführung in die Grundlagen und Methoden der empirischen Publikums- und Besucherforschung geben möchte.[4] Für die Leserinnen und Leser, die sich weiter in das Thema vertiefen möchten und/oder eigene Studien planen, wird in den jeweiligen Kapiteln ausgewählte Literatur zur weiteren Lektüre empfohlen.

Da dieses Buch – wie so oft – ohne tatkräftige Hilfe nicht möglich gewesen wäre, möchte ich an dieser Stelle meinen Dank aussprechen. Danken möchte ich zunächst meiner Frau Natalie Pilz für ihr gutes Auge bei der Schlussredaktion sowie den Kolleginnen und Kollegen der Abteilung Kultur- und Medienbildung der Pädagogischen Hochschule Ludwigsburg für die anregenden Gespräche und kritischen Rückfragen. Dank gebührt zudem den Mitarbeiterinnen und Mitarbeitern der Bibliothek der Pädagogischen Hochschule Ludwigsburg – stellvertretend seien Jasmin Pfaff und Silja Ueckermeier genannt –, die bei der Literaturbeschaffung stets eine große Unterstützung sind. Ein besonderer Dank geht schließlich an Carmen Fahlbusch, die mit ihren Recherchen und ihrer redaktionellen Mitarbeit im Rahmen der Erstauflage einen wichtigen Beitrag zum Gelingen dieses Buches geleistet hat.

---

4   Aufgrund des einführenden Charakters des vorliegenden Buches wird auf wissenschaftstheoretische Fragen nicht eigens eingegangen. Verwiesen sei auf die einschlägigen Einführungen und Handbücher der empirischen Sozialforschung (zum Beispiel Atteslander 2010; Döring und Bortz 2016; Diekmann 2012; Flick 2012, 2015; Lamnek und Krell 2016; Mayring 2016; Opp 2014). Ebenfalls unberücksichtigt bleiben die Grundlagen und Methoden der Evaluation (vgl. hierzu Hennefeld und Stockmann 2013 sowie Stockmann und Hennefeld 2016).

Grundlagen der Kulturpublikumsforschung

2.1 Der „einfache Blick" auf das Publikum

Wie in den folgenden Kapiteln noch erläutert wird, bedarf es eines nicht zu vernachlässigenden Aufwands, um bei der Durchführung von Besucherstudien den Kriterien und Ansprüchen wissenschaftlich-methodischen Arbeitens zu genügen. Insbesondere kleine Kultureinrichtungen mit einem engen finanziellen und personellen Rahmen stoßen hier schnell an die Grenzen des für sie Machbaren. Im Vorfeld jeder Studie sollte deshalb sorgsam abgewogen werden, ob der erforderliche Ressourceneinsatz vor dem Hintergrund der zu erwartenden Erkenntnisse angemessen ist, oder anders ausgedrückt: Es bedarf nicht zwangsläufig des Einsatzes eines Mikroskops, um auf einer Straße Schlaglöcher zu finden. Dabei bieten sich gerade im Kulturbereich vielfältige Möglichkeiten an, um wichtige Informationen über sein Publikum zu gewinnen, ohne aufwändige Untersuchungen durchführen zu müssen.

So arbeiten beispielsweise viele Kultureinrichtungen sehr erfolgreich mit sogenannten Besucherbüchern. Diese Bücher liegen an verschiedenen Orten – im Foyer, an der Kasse oder an der Getränketheke – aus und laden die Besucherinnen und Besucher dazu ein, ihre positiven und negativen Eindrücke direkt niederzuschreiben. Auf diese Weise erhalten die Marketingverantwortlichen kontinuierlich eine zeitnahe Rückmeldung über die Zufriedenheit oder Unzufriedenheit ihres Publikums.

Eine andere Möglichkeit sind regelmäßige Gespräche mit den Personenkreisen, die am intensivsten im Kontakt mit dem Publikum stehen: Aufseher in Museen und Ausstellungen, Mitarbeiter an Garderoben und Kassen sowie das Einlasspersonal. Wo ließ sich Begeisterung erkennen, was verärgerte Besucher, welche Fragen tauchten am häufigsten auf? All diese Informationen sind für das Marketing außerordentlich wichtig und werden Tag für Tag „nebenbei" durch Beobachtungen oder kurze Gespräche gewonnen, jedoch werden sie häufig nicht abgerufen und bleiben deshalb ungenutzt. Anzumerken ist zudem, dass solche Gesprächsrunden nicht nur dem Erkenntnisgewinn dienen, sondern auch einen bedeutsamen Beitrag zur Mitarbeitermotivation und -zufriedenheit leisten können (vgl. Klein 2009). Um entsprechende Beobachtungen und Eindrücke nicht „dem Zufall" zu überlassen, besteht beispielsweise die Möglichkeit, dem Aufsichtspersonal eines Museums einen kleinen Leitfaden an die Hand zu geben („Werden die zusätzlichen Objektbeschriftungen für Kinder genutzt?") oder das Kassenpersonal zu bitten, bei jedem Kundengespräch ein bis zwei Fragen einfließen zu lassen („Wie sind Sie auf unsere heutige Veranstaltung aufmerksam geworden?").

Eine weitere Möglichkeit zur Sammlung von Informationen über die eigenen Besucher – die jedoch bereits mit einem deutlich größeren Aufwand verbunden ist – bietet das sogenannte *Database Marketing*. Hier werden alle Informationen, die über einen Kunden in Erfahrung gebracht werden können und die für die Kundenbeziehung von Bedeutung sind, in einer Datenbank zusammengetragen (vgl. Schlemm 2003, S. 14). Gesammelt werden dabei vier Datentypen (Schlemm 2003, S. 35 ff.):

- Grunddaten (zum Beispiel Kontaktmöglichkeiten, Geburtstage),
- Potenzialdaten (zum Beispiel Interessen, Meinungen),
- Aktionsdaten (zum Beispiel Anrufe beim Kunden) und
- Reaktionsdaten (zum Beispiel Kaufverhalten).

Einige dieser Daten fallen „nebenher" an und können leicht erfasst werden. Ein Teil der Daten – wie die Potenzialdaten – bedürfen in der Regel aber einer systematischen Erhebung, weshalb beim Database Marketing die Übergänge zur wissenschaftlichen Besucherforschung fließend sein können.

2.2 Was bedeutet „Wissenschaftlichkeit" und „Empirie"?

Sowohl für die Vorbereitung einer eigenen Publikumsstudie als auch für die Sichtung und kritische Einschätzung bereits vorhandener Untersuchungen und Befunde ist ein grundlegendes Verständnis von *Wissenschaftlichkeit* und *Empirie* notwendig. Eine entsprechende begriffliche Annäherung verweist bereits auf die Aspekte, die bei der Konzeption und Durchführung grundsätzlich beachtet werden müssen, um verlässliche und belastbare Daten zu erhalten.

In einem ersten allgemeinen Sinn wird „Wissenschaft" verstanden als ein Prozess *methodisch* betriebener, grundsätzlich *nachvollziehbarer* und möglichst *objektiver* Forschungs- und Erkenntnisarbeit. Um auf wissenschaftlichem Weg zu Daten und

2.2 Was bedeutet „Wissenschaftlichkeit" und „Empirie"?

Ergebnissen zu kommen, muss immer methodisch, das heißt nach einem Plan bzw. Regelsystem vorgegangen werden: Entsprechend setzt sich der Forschungsprozess – vergleichbar dem Managementprozess – aus folgenden Schritten zusammen:

- Zunächst muss ein konkretes Ziel bzw. eine genaue Fragestellung formuliert werden. Der häufigste Fehler in der Praxis besteht darin, dass entschieden wird, eine Besucherbefragung durchzuführen, ohne zu präzisieren, welches primäre Erkenntnisziel erreicht werden soll. In der Konsequenz entstehen oftmals Studien, die eine Unmenge verschiedenster Aspekte – vom Image einer Einrichtung über die Servicezufriedenheit bis hin zur Bewertung der künstlerischen Qualität des eigenen Hauses und der Hauptkonkurrenten – erfassen möchten, deren Untersuchung dadurch aber zwangsläufig sehr oberflächlich bleiben muss und kaum Informationswert hat. Hier ist es empfehlenswert, sich auf einige wenige, aber für die Institution wirklich wesentliche Fragestellungen zu beschränken.
- Erst nach der konkreten Formulierung des Erkenntnisziels kann die Entscheidung über die passende Methode fallen und mit der detaillierten Planung und Vorbereitung der Untersuchung begonnen werden. An dieser Stelle sei bereits angemerkt, dass diese ersten beiden Schritte – Zielformulierung und Planung – in der Regel den größten Arbeitsaufwand bei einer Publikumsstudie bedeuten.
- Nach Abschluss aller Planungen und Vorbereitungen wird die eigentliche Erhebung durchgeführt und ausgewertet, um daraufhin zu überprüfen, ob die zu Beginn formulierten Ziele erreicht wurden, das heißt, ob die zentrale Fragestellung beantwortet wurde oder ob noch offene Punkte bestehen, die gegebenenfalls weitere Studien notwendig erscheinen lassen.

Nachvollziehbarkeit bedeutet, dass in der Untersuchung alle Schritte von der Zielformulierung über die Konzeption und Planung bis hin zur Durchführung und Auswertung ohne Ausnahme offen gelegt – das heißt detailliert dokumentiert und erläutert – werden müssen. Zum einen wird damit gewährleistet, dass jederzeit überprüft werden kann, unter welchen Voraussetzungen und Bedingungen die Ergebnisse zustande kamen, was eine wesentliche Voraussetzung für die qualitative Einschätzung und weiterführende Diskussionen ist. Zum anderen wird dadurch ermöglicht, die Studie bei Bedarf zu replizieren, um beispielsweise zu überprüfen, ob über einen längeren Zeitraum Veränderungen im Publikumsverhalten festzustellen sind.

Schließlich muss bei jeder Untersuchung die *Objektivität* oberste Priorität haben. Das heißt es ist darauf zu achten, dass der Forschungsprozess sowie die Ergebnisse nicht von den persönlichen Einstellungen des Forschers oder der Forscherin zum Untersuchungsgegenstand beeinflusst bzw. verzerrt werden. Gerade wenn das

Publikum der „eigenen" Kulturinstitution untersucht wird, ist diese Objektivität aufgrund der großen Identifikation nicht immer ohne Weiteres gewährleistet. Aus diesem Grund ist es erfahrungsgemäß von Vorteil, wenn solche Studien von externen, unvoreingenommenen Fachleuten durchgeführt oder zumindest begleitet werden. *Empirische Sozialforschung* ist der zweite Begriff, auf den an dieser Stelle näher eingegangen werden soll. Hierunter wird die systematische Erfassung und Deutung sozialer Tatbestände verstanden (Atteslander 2010, S. 3). *Empirisch* bedeutet so viel wie *erfahrungsgemäß*. Dementsprechend ist im Rahmen des empirischen Forschens die Wahrnehmung der Umwelt durch die Sinnesorgane – vor allem durch Beobachtung sowie Befragung – von zentraler Bedeutung, was aber gleichzeitig auch ganz besondere Herausforderungen mit sich bringt. Beispielhaft genannt sei das Problem der selektiven Wahrnehmung. „*Systematisch* bedeutet, dass die Erfahrung der Umwelt nach Regeln zu geschehen hat" (Atteslander 2010, S. 3), das heißt, dass der Forschungsprozess – wie bereits erläutert – nachvollziehbar sein muss. Zu den empirisch wahrnehmbaren sozialen Tatbeständen zählen „beobachtbares, menschliches Verhalten, von Menschen geschaffene Gegenstände sowie durch Sprache vermittelte Meinungen, Informationen über Erfahrungen, Einstellungen, Werturteile, Absichten" (Atteslander 2010, S. 3 f.). Eine Auswahl an interessanten „sozialen Tatbeständen" aus dem Bereich der Publikumsforschung wurde in der Einleitung bereits vorgestellt.

2.3 Publikumsformen

Wie aus den Ausführungen des vorigen Kapitels bereits deutlich wurde, wird in Forschungskontexten der begrifflichen Arbeit ein großer Stellenwert eingeräumt. Dies ist jedoch kein Selbstzweck, denn je nach Begriffsklärungen ergeben sich vielfältige Konsequenzen für die Konzeption einer Untersuchung (sei diese nun praxisorientiert oder akademisch ausgerichtet), für die Wahl der Erhebungsmethode, für die Gültigkeit der erhobenen Daten und für die Interpretation der Ergebnisse (vgl. Brauerhoch 2005). Auch ein zunächst recht eindeutig anmutender Begriff wie Publikum – alltagssprachlich verstanden als Menschen, die eine Kulturveranstaltung besuchen – bedarf deshalb einer genaueren, differenzierenden Betrachtung.[5]

---

5 Darüber hinaus ergeben sich auch je nach zugrunde gelegtem Kulturbegriff mitunter erhebliche Konsequenzen für Untersuchungen und für die Vergleichbarkeit ihrer Ergebnisse. Zur Systematisierung des Kulturbegriffs in Kulturnutzerstudien mit quantitativer methodischer Ausrichtung sei deshalb verwiesen auf Renz (2012, S. 186 ff.).

2.3 Publikumsformen

Ausgangspunkt soll hierbei eine Definition des Kultursoziologen Schulze sein: „Als Publikum wird im folgenden jedes Personenkollektiv bezeichnet, das durch den gleichzeitigen Konsum eines bestimmten Erlebnisangebots abgegrenzt ist" (Schulze 1997, S. 460). Schulze belässt es jedoch nicht bei dieser Definition, sondern unterscheidet weiter zwischen einem *lokalen* Publikum und einem *individualisierten* Publikum. Unter einem lokalen Publikum versteht er „eine Ansammlung von Personen zur selben Zeit am selben Ort" (Schulze 1997, S. 461), wie zum Beispiel die Besucherinnen und Besucher einer konkreten Theateraufführung. Demgegenüber entstand das individualisierte Publikum „erst mit dem Vordringen der Massenmedien und der Industrialisierung der Erlebnisproduktion" (Schulze 1997, S. 461). Zentrales Kennzeichen des individualisierten Publikums ist, dass „dessen kollektiver Charakter dem einzelnen nur noch durch punktuelle Wahrnehmungen erfahrbar wird" (Schulze 1997, S. 461). Als Beispiel angeführt werden können die Zuschauerinnen und Zuschauer einer Theateraufführung, die auf dem Fernsehsender Arte übertragen wird.

Eine noch weitergehende Differenzierung schlägt Dollase (1998, S. 141) vor, der folgende Arten von Publika unterscheidet:

- *Reale Publika*: Beiwohnende einer Aufführung zur selben Zeit im selben Raum (zum Beispiel in Konzerträumen, Theatern, Opernhäusern oder Kinos).
- *Massenmediale Publika*: Personen rezipieren zur gleichen Zeit an verschiedenen Orten eine Aufführung, wie zum Beispiel Radio- und Fernsehpublika.
- *Medienschaften*: Rezipierten wohnen einer aufgezeichneten Aufführung (CD, DVD, Festplatte) zu verschiedenen Zeiten an verschiedenen Orten bei.
- *Statistische Publika*: Rezipienten, die als virtuelles bzw. hypothetisches Publikum aus einer Umfrage mit entsprechenden Fragen gebildet werden (zum Beispiel alle, die angekreuzt haben, dass sie öfter ‚Problemfilme im Kino besuchen').
- *Experimentelle Publika*: Beiwohnende einer Aufführung im Rahmen sozialwissenschaftlicher Experimente (zum Beispiel die Besucherinnen und Besucher einer Testvorführung für einen neuen Kinofilm).

Welche Konsequenzen haben diese verschiedenen Publikumsbegriffe nun für die Forschungspraxis? Ein Beispiel für die Relevanz entsprechender Differenzierungen sind Publikumsuntersuchungen, bei denen auf Grundlage einer Bevölkerungsumfrage sogenannte statistische Publika ermittelt werden. Solche Studien sind auf der einen Seite relativ einfach und kostengünstig durchzuführen. Außerdem können die Anforderungen an die Repräsentativität sehr viel leichter erfüllt werden. Ein weiterer Vorteil ist, dass man auch sogenannte Nicht-Besucher[6] bzw. potenzielle Besucher erreicht und diese beispielsweise bezüglich ihrer Barrieren gegenüber der jeweiligen Institution befragen kann.

Jedoch kann auf der anderen Seite die Ermittlung von Personen, die bestimmte Kulturinstitutionen oder Veranstaltungen besuchen oder präferieren, zur Suche nach der „Nadel im Heuhaufen" werden, da der Bevölkerungsanteil, der zum Nutzerkreis zählt, sehr gering ist (vgl. Brauerhoch 2005, S. 452). Hinzu kommt, dass Diskrepanzen zwischen den verbalen Auskünften und dem tatsächlichen Handeln aufgrund sozialer Erwünschtheit (vgl. ausführlich Kapitel 4.1) nicht auszuschließen sind (vgl. Brauerhoch 2005, S. 452; Diekmann 2012, S. 447 ff., Glogner 2017, S. 343 ff.). So konnte Reuband (2007) in einer Untersuchung zur Frage des sogenannten „overreportings"[7] im Kontext kultureller Teilhabe feststellen, dass Bevölkerungsumfragen die Häufigkeit des Opernbesuchs überschätzen. Bei Vor-Ort-Befragungen von realen Publika trifft man hingegen die Personen direkt in den Kulturinstitutionen an und erhält damit auch verlässlichere Auskünfte über ihr tatsächliches Verhalten. Vor-Ort-Befragungen sind aber wesentlich anspruchsvoller in der Planung und aufwändiger in der Realisierung (Brauerhoch 2005, S. 453).

2.4 Untersuchungsgegenstände der Kulturpublikumsforschung

Einleitend wurde bereits auf die wesentlichen Fragestellungen der Publikumsforschung in kulturmanagerialen und kulturpolitischen Kontexten sowie auf ausgewählte Forschungsdesiderate eingegangen. An dieser Stelle sollen die Untersuchungsgegenstände der Publikumsforschung nun einer weiterführenden Systematisierung unterzogen werden.

Nach Dollase (1998, S. 143 ff.) lässt sich bei realen Publika die Rezeptionssituation in drei Phasen differenzieren: die *präkommunikative* Phase vor dem symbolischen Ereignis (das heißt dem Konzert, der Theateraufführung etc.), die *kommunikative*

---

6 Vor dem Hintergrund der hier dargestellten Publikumsformen sei angemerkt, dass auch empirischen Untersuchungen von Nicht-Besuchern eine begriffliche Klärung und Differenzierung vorausgehen muss. Umfassende und differenzierte Überlegungen hierzu finden sich bei Renz (2015).

7 „Unter dem Begriff des ‚overreportings' wird die Überschätzung hochkultureller Partizipation durch soziale Erwünschtheitseffekte in Bevölkerungsumfragen verstanden" (Föhl und Nübel 2016, S. 219).

2.4 Untersuchungsgegenstände der Kulturpublikumsforschung

Phase während des symbolischen Ereignisses und die *postkommunikative* Phase nach dem symbolischen Ereignis.

In Entsprechung zu diesen Phasen können vorauslaufende, begleitende und nachlaufende Prozesse um das symbolische Ereignis unterschieden werden (Dollase 1998, S. 143), die als Untersuchungsgegenstände in Betracht kommen.

- *Präkommunikative Phase*: Untersucht werden hier die Beweggründe des Publikums zum Publikumsbeitritt. Von Interesse sind die Kosten-Nutzen-Analysen, die der Entscheidung für oder gegen einen Veranstaltungsbesuch vorausgehen: „Neben Eintrittskosten, Erreichbarkeit und terminlicher Lage der Aufführung werden psychologische Prozesse wie Barrierephänomene […] sowie mögliche Rezeptions- oder Freizeitalternativen […] subjektiv kalkuliert. Als Ergebnis des Entscheidungsprozesses zum Besuch einer Aufführung ist die Zusammensetzung des Publikums bzw. ihres psychologischen Profils von Interesse" (Dollase 1998, S. 144, im Original mit Hervorhebungen).
- *Kommunikative Phase*: Untersucht werden können zum einen die Interaktionen zwischen dem Publikum und den Darstellern/Akteuren auf der Bühne bzw. die wechselseitigen Wirkungen (Dollase 1998, S. 145). Beispiele wären Reaktionen des Publikums auf die Bühnenshow oder die Aufforderungen der Künstler zum Mitwirken (Klatschen, Mitsingen etc.). Von Interesse ist aber auch, wie das Publikum auf die Künstler einwirkt und diese beispielsweise aktiviert oder unter Stress setzt. Zum Forschungsgegenstand gemacht werden können zum anderen aber auch die Interaktionen innerhalb des Publikums bzw. die Wirkungen des Publikums auf das Publikum (Dollase 1998, S. 145). Beispiele wären soziale Vergleichsprozesse, aber auch das Entstehen von Gewalt oder Paniken.
- *Postkommunikative Phase*: Untersuchungsgegenstand sind hier die „Nachwirkungen" des Aufführungsbesuchs (Dollase 1998, S. 146). Beispiele wären die „Aufmerksamkeit und Anerkennung für Erlebnisschilderungen, die oftmals an den Aktualitätsvorsprung gekoppelt sind […] [so bei Filmen, die zuerst bei Previews oder Festivals zu sehen sind; P. G.] oder an den Authentizitätsvorteil (Live-Erlebnis, vgl. Dollase et al. 1974)" (Dollase 1998, S. 146, im Original mit Hervorhebungen). Denkbar sind darüber hinaus pädagogische und therapeutische Forschungsanschlüsse (Dollase 1998, S. 146), zum Beispiel im Kontext eines Jugendtheaterprojekts zum Thema Drogenmissbrauch.

Eine weitere Möglichkeit der Systematisierung bietet die Betrachtung der theoretischen und angewandten Funktionen der Publikumsforschung. Hierzu hat ebenfalls Dollase (1998, S. 147) eine hilfreiche Übersicht erarbeitet (vgl. Tabelle 2.1), wobei anzumerken ist, dass die einzelnen Bereiche unterschiedlich gewichtet sind. Insbesondere im Kulturmanagement dominiert derzeit noch sehr stark die angewandte (Markt-)Forschung, während die akademische Grundlagenforschung noch in den Anfängen steckt.

Tab. 2.1 Theoretische und angewandte Funktionen der Publikumsforschung (Dollase 1998, S. 147)

Funktionen	Erläuterung, Beispiele
Rezeptions- und Wirkungsforschung symbolischer Produkte	Beitrag zur multifaktoriellen Theoriebildung der Rezeption
sozialpsychologische Grundlagenforschung	kommunikative Prozesse zwischen Aufführenden und Publikum sowie innerhalb von Publika
Validierung von Umfragedaten	aufführungsbezogene Daten aus repräsentativen Meinungsbefragungen werden in Aufführungen auf externe Validität geprüft
Beiträge zur ökologischen Psychologie[8]	insbesondere zur Setting-Forschung, d. h. ihre Forschungsergebnisse tragen zur weiteren Theoriebildung bei
Marktforschung	Aufführungsforschung liefert Ergebnisse für die Optimierung von Angeboten eines relativ bedeutsamen Freizeitsektors (z. B. zur Wirkung umbaubedingter Auslagerung von Spielstätten, Noetzel 1991)
kulturpädagogische Forschung	Unterstützung kulturpädagogischer Vorhaben (z. B. Heranführung an Konzertbesuche) durch empirische Untersuchungen
Aufklärung der Entstehung und Überwindung devianten Verhaltens	z. B. Gewalt, Drogen- und Alkoholkonsum im Publikum
präventive und therapeutische Funktion von Aufführungsbesuchen	z. B. Einsatz von Theateraufführungen zur AIDS-Prävention

2.5 Quantitative und qualitative Kulturpublikumsforschung

In der empirischen Sozialforschung im Allgemeinen wird ebenso wie in der empirischen Publikumsforschung im Besonderen eine Unterscheidung zwischen qualitativen und quantitativen Methoden und Untersuchungen gemacht. Gleich-

---

8 Vgl. zu den Erkenntnisinteressen der ökologischen Psychologie Kruse et al. (1996).

2.5 Quantitative und qualitative Kulturpublikumsforschung

zeitig herrscht eine intensive Diskussion darüber, welche Vor- und Nachteile die beiden Zugänge für bestimmte Erkenntnisinteressen haben. Eine Wiedergabe dieser Diskussion und der verschiedenen Positionen ist an dieser Stelle nicht möglich.[9] Vielmehr sollen grundsätzliche Charakteristika quantitativen und qualitativen Forschens dargestellt und Möglichkeiten ihrer Verbindung skizziert werden.

Quantitatives Forschen ist dadurch gekennzeichnet, dass man einen „Zugang zur Realität über die Erfassung von Häufigkeiten sowie die Durchführung von Messoperationen (vergleichbar dem Wiegen oder der Längenbestimmung im Alltag) [wählt; P.G.], die anschließend mathematisch-statistisch ausgewertet werden" (Böhm-Kasper et al. 2009, S. 16). Wesentliche Ziele quantitativer Forschung sind auf der einen Seite die statistische Deskription, auf der anderen Seite die Überprüfung von (vorformulierten) Hypothesen, das heißt von vermuteten Merkmalszusammenhängen. In beiden Fällen geht es darum, unter Anwendung sogenannter geschlossener, standardisierter Methoden (zum Beispiel über einen Fragebogen zum Ankreuzen) zu einer breiten Datenbasis zu gelangen, die generalisierbare Aussagen erlaubt. Gerade diese Verallgemeinerbarkeit von Befunden ist eine der großen Stärken quantitativer Forschung.

Ein Beispiel für eine deskriptive Publikumsstudie wäre eine Befragung in einem Theater, welche die prozentualen Anteile an Frauen, Männern, diversen Altersgruppen etc. ermittelt. Als Beispiel für die Untersuchung von Hypothesen bzw. Merkmalszusammenhängen wird hier die Untersuchung zum individuellen Krisenerleben von Menschen und ihrer Nutzung kultureller Einrichtungen (Reuband 2010) angeführt. Ausgangspunkt der (akademischen) Studie sind vielfältige Äußerungen Kulturschaffender, nach denen Kultur in den aktuellen Krisenzeiten ein Ort der Selbstvergewisserung und der Stabilität sei. Verbunden wird diese Annahme mit der Hoffnung auf ein steigendes Besucherinteresse (Reuband 2010, S. 64). Anhand eines kleinen Ausschnitts wird hier dargelegt, wie auf quantitativem Weg die Frage untersucht wird, ob Krisenerleben tatsächlich eine Hinwendung zur Kultur begünstigt.[10] Im Rahmen einer repräsentativen Bevölkerungsumfrage in Düsseldorf konnten die Beteiligten beispielsweise zu folgender Aussage Stellung nehmen: „In diesen Tagen ist alles so unsicher geworden, dass man auf alles gefasst sein muss." Die Antwortmöglichkeiten lauteten: „stimme überhaupt nicht zu", „stimme eher nicht zu", „stimme eher zu", „stimme voll und ganz zu". Außerdem

---

9 Vgl. zu dieser Diskussion zusammenfassend beispielsweise Flick (2012), Lamnek und Krell (2016), Mayring (2016).
10 Die Darstellungen an dieser Stelle dienen lediglich der Verdeutlichung quantitativen Forschens und werden in ihrer Ausschnitthaftigkeit der sehr viel umfangreicheren Gesamtstudie nicht gerecht. Bei Interesse verwiesen sei deshalb auf Reuband (2010).

wurde nach der Nutzungshäufigkeit von Kultureinrichtungen gefragt. Setzt man nun die Antworten zu diesen beiden Fragen miteinander in Beziehung, zeigt sich, dass – entgegen der Annahme vieler Kulturschaffender – mit zunehmender Verunsicherung die Häufigkeit des Besuchs abnimmt:

> „Wo z. B. dem Satz ‚voll und ganz' zugestimmt wird, dass […] ‚in diesen Tagen alles so unsicher geworden [sei], dass man auf alles gefasst sein muss', gaben 24 Prozent der Befragten an, sie würden mehrmals im Jahr ein Museum in Düsseldorf besuchen. Wo dem Satz ‚überhaupt nicht' zugestimmt wurde, liegt die Quote hingegen bei 68 Prozent" (Reuband 2010, S. 65).

Im Gesamttrend kann also nicht von einer Zunahme der Kulturnutzung in Krisenzeiten ausgegangen werden. Mit diesem Ergebnis ist gleichwohl nicht gesagt, dass es nicht doch auch einzelne Nutzer gibt, die in Kultur Stabilität und Sicherheit suchen bzw. finden (Reuband 2010, S. 66). An dieser Stelle könnte nun auch eine qualitative Kritik an der Studie ansetzen: Ein möglicher Einwand wäre zum Beispiel, dass man keine vertiefenden und über den Fragebogen hinausgehenden Einsichten zum Krisenerleben von Menschen erhält. Zudem erfährt man nicht, ob Kultur unter bestimmten Voraussetzungen möglicherweise doch Stabilität vermitteln kann etc.

Welche Leitgedanken liegen nun qualitativen Forschungszugängen zugrunde? Im Unterschied zum „linearen Prozess" quantitativer Forschung, bei dem von Hypothesen ausgegangen wird, kann die Vorgehensweise im Rahmen qualitativer Forschung als „zirkulär" (Witt 2001; Flick 2012, S. 126) bezeichnet werden (vgl. Abbildung 2.1): Angestrebt wird eine offene und flexible Auseinandersetzung mit dem Forschungsgegenstand und eine ständige Reflexion der (methodischen) Vorgehensweise. Im Laufe dieses Prozesses werden dann Hypothesen formuliert und Theorien entwickelt (vgl. Lamnek und Krell 2016, S. 33 f.).[11]

---

11 „Beim quantitativen Vorgehen kann eine solche Zirkularität erst nach Abschluss einer Untersuchung bei der Planung einer neuen Untersuchung ins Spiel kommen" (Witt 2001, Absatz 15).

2.5 Quantitative und qualitative Kulturpublikumsforschung

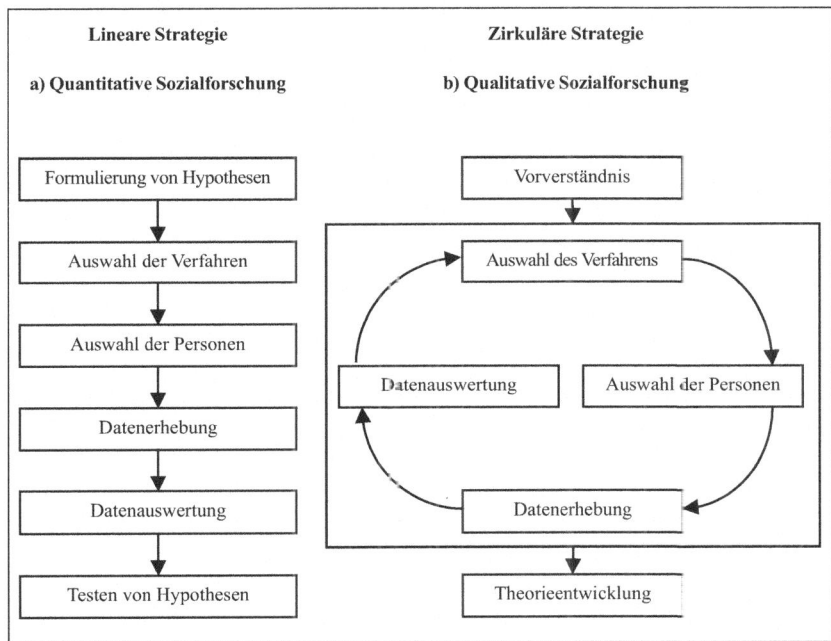

Abb. 2.1 Schematische Darstellung der Forschungsstrategien (Witt 2001, Absatz 15)

Lamnek und Krell (2016, S. 33 ff.) nennen sechs Prinzipien, die nach ihrer Auffassung als die Programmatik qualitativer Sozialforschung verstanden werden können:[12]

- *Offenheit*: Betont wird damit zum einen die Explorationsfunktion, „die bei der Anwendung standardisierter Techniken vernachlässigt wird" (Lamnek und Krell 2016, S. 34; vgl. auch Tabelle 4.1 in Kapitel 4.1). Zum anderen wird unterstrichen, dass es nicht um die Prüfung vorformulierter Hypothesen geht, sondern um Hypothesengenerierung: „Im Untersuchungsprozess selbst ist der Forscher gehalten, so offen wie möglich gegenüber neuen Entwicklungen und

---

12 Je nach Autor und wissenschaftstheoretischer Position können die Sichtweisen über die Charakteristika qualitativer Forschung leicht variieren. So spricht Mayring (2016, S. 24 ff.) beispielsweise von 13 Säulen qualitativen Denkens, während Flick (2012, S. 97) acht Kennzeichen qualitativer Forschung benennt. Anzumerken ist, dass diese Prinzipien durchaus auch für viele Vertreter der quantitativen Forschung bedeutsam sind, jedoch in einer anderen Gewichtung.

Dimensionen zu sein, die dann in die Formulierung der Hypothesen einfließen können" (Lamnek und Krell 2016, S. 34).

- *Forschung als Kommunikation*: „Der kommunikative Prozess des gegenseitigen Aushandelns der Wirklichkeitsdefinitionen zwischen Forscher und Erforschtem rückt in den Mittelpunkt des Interesses" (Lamnek und Krell 2016, S. 35), weshalb im Forschungsprozess die alltäglichen Regeln der Kommunikation so weit wie möglich beachtet werden sollten.
- *Prozesscharakter von Forschung und Gegenstand*: Die Verhaltensweisen und Aussagen der untersuchten Personen sind nicht statisch und unveränderlich, sondern „prozesshafte Ausschnitte der Reproduktion und Konstruktion sozialer Realität" (Lamnek und Krell 2016, S. 35). Die Prozesshaftigkeit zeigt sich sowohl beim Forschungsgegenstand als auch beim Akt des Forschens selbst.
- *Reflexivität von Gegenstand und Analyse*: „Reflexivität heißt, dass von der Handlung auf den Sinn geschlossen werden kann und der Sinn die Handlung erklärt. Dieser Vorgang ist als fortlaufender Interpretationsprozess zu verstehen" (Lamnek und Krell 2016, S. 53).
- *Explikation*: Hierbei geht es um die Erwartung, die einzelnen Untersuchungsschritte so weit wie möglich offen zu legen und darzustellen, nach welchen Regeln die erhobenen Daten interpretiert werden „bzw. anhand welcher Regeln die kommunikative Erfahrung in Daten umgeformt wird" (Lamnek und Krell 2016, S. 36).
- *Flexibilität*: Damit ist gemeint, „im gesamten Forschungsprozess flexibel auf die Situation und die Relation zwischen Forscher und Beforschten (auch im Instrumentarium) [zu] reagieren, sich an veränderte Bedingungen und Konstellationen anzupassen" (Lamnek und Krell 2016, S. 39).

Auch wenn qualitative Zugänge bei der Publikumsforschung im Kulturbereich noch sehr viel seltener zum Einsatz kommen als quantitative Herangehensweisen, eröffnen sie doch vielfältige Perspektiven. Ihr Einsatz ist besonders dann von Interesse, wenn es um vertiefte Einsichten in komplexe Zusammenhänge und Prozesse geht. Beispiele wären Analysen zu den Entscheidungsprozessen von Kulturnutzern, die Erforschung von Interpretationen bei Rezeptionsprozessen oder die Untersuchung der Frage, inwiefern der Besuch von Kulturveranstaltungen identitätsstiftende Funktionen übernimmt. Ein interessantes Beispiel für die qualitative Erforschung von Kulturpublika liefert die Studie „Kulturtouristen. Eine Typologie" (Pröbstle 2014). Empirische Basis der Untersuchung ist eine qualitative Inhaltsanalyse von insgesamt 89 problemzentrierten Interviews mit Kulturtouristen (Pröbstle 2014, S. 29).

Wie aus dem bisher Gesagten deutlich geworden sein sollte, kann nicht pauschal der quantitativen oder qualitativen Herangehensweise der Vorzug gegeben

2.5 Quantitative und qualitative Kulturpublikumsforschung

werden. Die Wahl hängt in erheblichem Maße vom Untersuchungsziel ab. Und obgleich bestimmte Erkenntnisinteressen durchaus eher mit qualitativen oder quantitativen Zugängen in Verbindung gebracht werden, sind diese Konventionen nicht als unumgehbare und unumkehrbare „Gesetze" zu verstehen. So gibt es durchaus aufschlussreiche Untersuchungen, bei denen auf quantitativem Weg Gebiete erforscht werden, die allgemein eher mit qualitativer Forschung assoziiert werden. Beispielhaft zu nennen sind hier quantitativ angelegte Studien zur Identitätskonstruktion mit Musik und Medien (Müller et al. 1999) oder zu sozialen Umgehensweisen mit Musik und Filmen (vgl. exemplarisch Müller 1990; Glogner 2002a, 2002b, 2002c; Rhein 2000). Gleichzeitig wäre es aber wünschenswert, dass häufiger als bisher auch qualitative Forschung betrieben wird, welche die bestehenden Erkenntnisse mit ihrem Instrumentarium einerseits kritisch beleuchtet, andererseits erweitert und vertieft.

In der Diskussion um die Vorzüge und Nachteile quantitativer und qualitativer Forschung setzt sich zudem immer stärker die Position durch, dass qualitative und quantitative Forschung im Idealfall miteinander zu verbinden ist. In immer mehr Studien wird eine sogenannte Triangulation (Denzin 1970) angestrebt:

> „Triangulation beinhaltet die Einnahme unterschiedlicher Perspektiven auf einen untersuchten Gegenstand oder allgemeiner: bei der Beantwortung von Forschungsfragen. Diese Perspektiven können sich in unterschiedlichen Methoden, die angewandt werden, und/oder unterschiedlichen gewählten theoretischen Zugängen konkretisieren [...]. Weiterhin bezieht sie sich auf die Kombination unterschiedlicher Datensorten jeweils vor dem Hintergrund der auf die Daten jeweils eingenommenen theoretischen Perspektiven Diese Perspektiven sollten so weit als möglich gleichberechtigt und gleichermaßen konsequent behandelt und umgesetzt werden. Durch die Triangulation [...] sollte ein prinzipieller Erkenntniszuwachs möglich sein, dass also [beispielsweise] Erkenntnisse auf unterschiedlichen Ebenen gewonnen werden, die damit weiter reichen, als es mit einem Zugang möglich wäre" (Flick 2011, S. 12).

Als Beispiel, bei dem das Prinzip der Triangulation – insbesondere bei der methodischen Herangehensweise – sehr konsequent und anspruchsvoll verfolgt wird, kann die Studie „Pilgerfahrt ins Ich" über das Publikum der Richard-Wagner-Festspiele in Bayreuth angeführt werden, bei der folgende Methoden zur Anwendung kamen (Gebhardt und Zingerle 1998, S. 31 f.):

- *Dokumentenanalyse*: zum Beispiel Auswertung von Programmheften und Presseberichten;
- *Experteninterviews*: 17 Gespräche mit Personen, die in verschiedenen Beziehungen zu den Festspielen stehen;

- *standardisierte Befragung von Festspielbesuchern*: 1.920 verteilte Fragebögen mit einem Rücklauf von 844 Exemplaren;
- *qualitative Interviews* mit 28 Festspielgästen;
- Durchführung von 55 *Beobachtungssequenzen* hinsichtlich des Verhaltens und der Gesprächsinhalte der Festspielbesucher;
- *Foto-Dokumentation* zu typischen Situationen und charakteristischen Personen.

Mit einer anderen Methodentriangulation hat das Projekt „eMotion – mapping museum experience" die Erfahrung von Museumsbesuchern experimentell untersucht. Die Erhebungsphase im Feld fand im Sommer 2009 im Kunstmuseum St. Gallen statt. Im Zentrum stand die psychogeografische Wirkung des Museums und seiner Objekte auf das Erleben. Dazu wurden wissenschaftliche und künstlerische Forschungs- und Darstellungsmethoden zu einem transdisziplinären Vorgehen integriert. Zum Einsatz kamen u. a. die Messung der Herzrate und des Hautleitwerts der Museumsbesucher, Befragungen vor und nach dem Ausstellungsbesuch sowie verschiedene Interventionen als künstlerisch-wissenschaftliche Experimente (vgl. zum Forschungsansatz Tröndle et al. 2008; Tröndle et al. 2012 und http://www.mapping-museum-experience.com).

Konzeption und Planung einer Kulturpublikumsstudie

3.1 Ablauf einer empirischen Kulturpublikumsstudie

Bevor im Einzelnen erläutert wird, wie bei der Vorbereitung und Durchführung einer empirischen Besucherstudie vorgegangen wird, soll zunächst ein Überblick über den Gesamtablauf des Forschungsprozesses gegeben werden (vgl. Abbildung 3.1). Auslöser jeder Forschungstätigkeit ist ein Problem. In der Praxis von Kulturmanagement und Kulturpolitik können das zum Beispiel sichtlich unzufriedene Besucher, ein Rückgang an Theaterabonnenten oder mangelndes Interesse Jugendlicher am pädagogischen Begleitprogramm sein. In akademischen Zusammenhängen können aber auch sich widersprechende Theorien oder bereits durchgeführte Studien mit unterschiedlichen Ergebnissen das Ausgangsproblem sein. Ein Beispiel wäre die Kontroverse, ob sich der Kulturgeschmack mit zunehmendem Alter noch merklich wandelt oder ob er eher durch die Generationszugehörigkeit bestimmt ist und sich damit im Laufe des Lebens nicht mehr grundlegend verändert (vgl. exemplarisch für den Musikbereich: Rhein 2016, S. 304 ff.). Wurde diese Diskussion lange Zeit vorrangig in akademischen Kontexten geführt, ist sie zwischenzeitlich – nicht zuletzt vor dem Hintergrund der mitunter erheblichen Verwerfungen in der Alterszusammensetzung insbesondere von Opernpublika und den Publika klassischer Musik – in der Praxis angekommen. Jüngste Befunde sprechen dafür, dass Generationseffekte mitunter eine bedeutsame Rolle spielen (vgl. Reuband 2017).

Ausgehend von dem Problem ist eine erste Fragestellung zu formulieren bzw. das Erkenntnisinteresse zu konkretisieren. Daraufhin sollte recherchiert werden, ob es wissenschaftliche Veröffentlichungen oder Untersuchungsergebnisse vergleichbarer Institutionen zu dem Problembereich gibt. Möglicherweise existieren bereits entsprechende Forschungsarbeiten, die als Orientierungsrahmen und Ideenfundus für die Planung und Durchführung einer eigenen Untersuchung dienen können oder eine eigene Studie – die immer mit einem großen zeitlichen, personellen und auch finanziellen Aufwand verbunden ist – unter Umständen sogar überflüssig machen.[13]

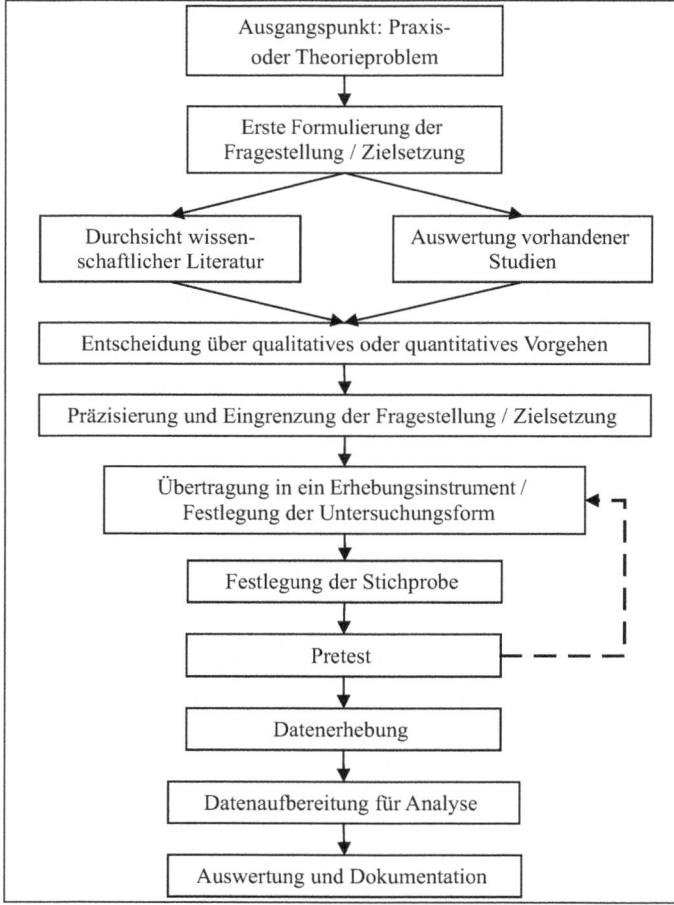

Abb. 3.1 Gesamtablauf einer empirischen Studie (vgl. auch Diekmann 2012, S. 192 f.)

---

13 An dieser Stelle ist anzumerken, dass durch die fast schon inflationäre Anzahl an Erhebungen im Kulturbereich eine gewisse Ablehnung unter Besuchern beobachtet werden kann.

Nach Durchsicht der zur Verfügung stehenden Veröffentlichungen und Studien muss entschieden werden, ob eine eigene Studie tatsächlich notwendig ist oder nicht. Wird die Durchführung einer eigenen Erhebung als unerlässlich angesehen, stellt sich die Frage, ob ein qualitatives oder quantitatives Vorgehen angemessen ist (vgl. Kapitel 2.5).

Nach der nochmaligen Präzisierung der Problemstellung bzw. Zielsetzung wird die hierzu passende Untersuchungsmethode – beispielsweise Fragebogen, Interviewleitfaden oder Beobachtungsschema – ausgewählt (vgl. Kapitel 4 bis 7) und mit der konkreten Übertragung der Fragestellung in ein Erhebungsinstrument begonnen (vgl. Kapitel 3.4). Darüber hinaus müssen beispielsweise Entscheidungen zur zeitlichen Dimension der Studie (zum Beispiel Querschnitts- oder Längsschnittstudie) oder zum Einbezug einer Vergleichsgruppe getroffen werden.

In einem nächsten Schritt erfolgt die Festlegung der Stichprobe (vgl. Kapitel 8). Von allen Angehörigen einer zu untersuchenden Gruppierung – der sogenannten Grundgesamtheit (zum Beispiel alle Besucherinnen und Besucher eines Filmfestivals) – wird hierzu nach bestimmten Regeln eine Auswahl getroffen, die in die Untersuchung einbezogen wird (zum Beispiel durch gezielte Ansprache jeder fünften Person beim Einlass zum Festival).

Bevor mit der eigentlichen Datenerhebung begonnen werden kann, ist in jedem Fall ein Pretest durchzuführen (vgl. Kapitel 9). Mit Hilfe eines Pretests wird überprüft, ob und welche Probleme sich in der Anwendung des Erhebungsinstrumentes im Feld ergeben. Die dabei gewonnenen Erfahrungen fließen direkt in eine Überarbeitung des Erhebungsinstrumentes ein. Unbedingt zu beachten ist in diesem Zusammenhang, dass die (vermeintliche) Mehrarbeit für einen Pretest in der Regel erheblich geringer ist als der Aufwand, der bei der Durchführung und Auswertung einer nachlässig konzipierten Erhebung entsteht.

Erst nach diesen umfassenden Vorbereitungen beginnt die eigentliche Erhebungsphase, das heißt Interviews werden geführt, Fragebögen werden verteilt, Besucher werden beobachtet. Die erhobenen Daten werden daraufhin für die Auswertung aufbereitet: Quantitative Daten werden in ein Statistik- oder Tabellenkalkulationsprogramm eingegeben, qualitative Daten wie beispielsweise Interviewantworten und Beobachtungen werden verschriftlicht.

Daraufhin erfolgt die Auswertung der erhobenen Daten (vgl. Kapitel 10). Zu betonen ist, dass die Auswertung – obgleich sie in Abbildung 3 1 am Ende des Prozesses steht – in jeder Phase der Konzipierung des Erhebungsinstrumentes mit bedacht werden sollte. Häufig wird großes Engagement in die Erarbeitung des Erhebungsinstrumentes investiert, ohne die jeweils notwendigen technischen Voraussetzungen und fachlichen Kenntnisse in der Datenanalyse zu bedenken.

Abgeschlossen wird der Forschungsprozess mit den Ergebnisinterpretationen und einer Dokumentation.

Der zeitliche Umfang für eine Publikumsstudie hängt u. a. ab von der Komplexität und Tiefe der Forschungsfrage, der gewählten Methode und Stichprobe sowie den zur Verfügung stehenden finanziellen Mitteln und personellen Kapazitäten. Deshalb kann er erheblich variieren. Jedoch sollte auch bereits bei kleineren Untersuchungen – wie zum Beispiel bei einer Besucherzufriedenheitsstudie für eine Kleinkunstbühne – mit einem Zeitfenster von mindestens drei Monaten kalkuliert werden. Es ist auf jeden Fall empfehlenswert, im Vorfeld für alle anstehenden Aufgaben den Zeitaufwand (zumindest grob) zu schätzen und in einem Balkendiagramm den Ablauf zu visualisieren (vgl. Abbildung 3.2).

Aufgabe \ Kalenderwoche	1	2	3	4	5	6	7	8	9	10	11	12	13	14	15	16	17	18	19	20
Festlegung des Untersuchungsziels	■																			
Recherche und Sichtung von Studien/Fachliteratur		■																		
Entwicklung des Fragebogens			■	■	■															
Festlegung der Stichprobe						■														
Pretest							■													
Überarbeitung des Fragebogens								■												
Schulung der beteiligten Mitarbeiter							■													
Haupterhebung									■	■	■	■								
Datenerfassung in Auswertungssoftware													■	■						
Auswertung															■	■	■	■		
Abschlussbericht																			■	■

Abb. 3.2 Fiktive Balkendiagrammplanung für eine Publikumsbefragung in einer kleineren Kultureinrichtung

3.2 Formulierung und Eingrenzung der Zielsetzung

Wie bereits einleitend deutlich wurde, existiert eine enorme Bandbreite an möglichen Fragestellungen für Besucherstudien im Kulturmanagement, in der Kulturvermittlung und in der Kultursoziologie. Entsprechend umfassend und breit ist erfahrungsgemäß auch das Erkenntnisinteresse, wenn mit den Planungen für eine Besucherstudie begonnen wird. In der Konsequenz kommt es häufig vor, dass die vorrangigen Untersuchungsziele aus den Augen verloren oder nicht in der gebotenen Gründlichkeit und Tiefe verfolgt werden. Bei der Zielformulierung für eine empirische Besucherstudie sollte man sich deshalb bewusst machen, dass die „soziale Wirklichkeit insgesamt […] weder vorstellbar noch total erfassbar" ist (Atteslander 2010, S. 14). Entsprechend ist eine Auswahl und Eingrenzung der interessierenden Fragestellungen unumgänglich. Im Rahmen der ersten Überlegungen zu einer empirischen Besucherstudie ist es deshalb hilfreich, sich mit folgenden Fragen auseinanderzusetzen (vgl. Atteslander 2010, S. 24):

- Auf welchen Ausschnitt der sozialen Wirklichkeit beschränkt sich die Untersuchung?
- Welche Gruppen von Menschen sollen untersucht werden?
- Welche Zeitabschnitte und örtliche Bereiche sollen berücksichtigt werden?
- Wie umfassend sollen Erklärungen gefunden werden?
- Welche wissenschaftlichen Befunde liegen bereits vor?

So muss sich beispielsweise ein Theater, das zunächst nur das grobe und unspezifische Ziel hat, mehr über die Ansichten und Einstellungen seines Publikums zu erfahren, unter anderem mit folgenden Fragen intensiv befassen:

- Wo soll der Untersuchungsschwerpunkt liegen: auf dem Image des Hauses, auf dem Programmangebot, auf dem Serviceangebot, auf der Einschätzung der Kernkonkurrenz etc.?
- Sollen nur die Zufriedenheit oder auch die Erwartungen an das Angebot zum Gegenstand der Studie gemacht werden?
- Sollen aussagekräftige Daten über die gesamte Besucherschaft gewonnen werden oder gibt es ein besonderes Interesse an ausgewählten Publikumssegmenten, wie zum Beispiel Kinder und Jugendliche, Seniorinnen und Senioren oder Menschen mit Migrationshintergrund?
- Sollen auch die Ansichten und Einstellungen der Nicht-Besucher einbezogen werden?

- Soll die Untersuchung in regelmäßigen Abständen wiederholt werden, um Veränderungsprozesse zu dokumentieren?
- Sollen nur erste Grobeinschätzungen gewonnen werden oder sind vertiefte Erkenntnisse über bestimmte Zielgruppen erwünscht?

Wie aus dieser kleinen Auswahl an möglichen Fragen bereits ersichtlich ist, kann auf eine bewusste und konsequente Eingrenzung des Untersuchungsziels nicht verzichtet werden. Tabelle 3.1 verdeutlicht ebenfalls, dass mit der Zielsetzung bereits wesentliche Weichen hinsichtlich der optimalen Erhebungsmethode und alternativer Untersuchungsinstrumente gestellt werden. Je nach Ziel der Besucherstudie muss ferner auch mit jeweils ganz unterschiedlichen Problemen gerechnet werden, die im Laufe des Projektes auftauchen können.

Zusammenfassend ist damit festzuhalten: Nur wenn im Vorfeld der Untersuchung das Erkenntnisinteresse präzise definiert wird, kann eine Erhebung konzipiert werden, die einerseits inhaltlich ausreichend differenziert ist, andererseits im zeitlichen, personellen und monetären Rahmen realisiert werden kann.

Tab. 3.1 Kulturelle Nutzerforschung vor Ort: Unterschiedliche Ziele – unterschiedliche Instrumente (Wiesand 1998, zit. nach Wiesand 2005, S. 444)

Erhebungsziele (Beispiele)	A. Optimale Erhebungsinstrumente	B. Probleme (bei A)	C. Alternative Instrumente
1. Regelmäßige Vergleichserhebungen Nutzer/Nicht-Nutzer in einer Stadt/Region (für Angebotsplanung, Vermittlung, Öffentlichkeitsarbeit)	Standardisierte mündl. Repräsentativumfrage (zu realisieren zum Beispiel über Statistische u. andere öffentl. Ämter)	Abstimmungsbedarf z. T. komplex und langwierig. Wenige, für Einzelaspekte oft unspezifische Fragen (wg. Vergleichbarkeit)	Repräsentative Umfrage durch demoskop. Institut (nur für größere Stadtregionen sinnvoll/bezahlbar)
2. Anregungen zur Optimierung von Nutzung und Einnahmen durch besseren „Service", nutzerfreundliche Öffnungszeiten, Steigerung des Anteils „kostengünstiger" Mehrfachnutzer o. ä. (für Management v. Kulturinstituten, städt. Finanzplaner etc.)	Grundlage sind lfd. Datenauswertungen (vgl. C.3 und A.6/7), ggf. durch individuell zugeschnittene repräs. Nutzerumfragen (wie A/C.1 oder A.3/4) zu ergänzen	Kein zwingender Zusammenhang zw. „Meinungen" bzw. Absichten und tatsächl. Nutzung/Kauf/Konsum u. entspr. Einnahmeprognosen vorhanden. Und: „kundenfreundlicher" Service ist keine fixe Größe …	Wie A/C.1 (aber vor allem bei A.1 selten institutsspezifische Fragen mögl.); z. T. auch C.3 mögl., beziehungsweise schlicht auf lfd. Nutzerbeobachtung gestützte Angebots- und Serviceverbesserung!

3.2 Formulierung und Eingrenzung der Zielsetzung

Erhebungsziele (Beispiele)	A. Optimale Erhebungsinstrumente	B. Probleme (bei A)	C. Alternative Instrumente
3. Fallweise Prüfung konkreter Nutzerhypothesen/ Angebotsalternativen (für das Management einzelner Kultureinrichtungen oder die strategische Planung, ggf. mit übergreifenden Standarderhebungen nach A.1 kombinierbar)	Mündl. oder schriftliche, individuell auf Angebote zugeschnittene u. mindestens teilstandardisierte Repräsentativumfragen (z. B. mündl. Erhebung kombiniert m. ZfKf-„Postkartenumfrage")	Nur bedingt mit A.1 und A.7/8 vergleichbar und generell ortsbezogen (bei ZfKf- Erhebungen in der Regel etwa 50 Prozent der Fragen mit früheren Erhebungen vergleichbar)	Spezialauswertung v. • lfd. geführten Angebots- und Nutzerstatistiken, • Strichlisten d. Aufsichtspersonals, • „Gästebücher" und sonstige Materialien
4. Prüfung der Motivation und zugleich Aktivierung abgegrenzter Zielgruppen (z. B. Mitglieder v. Fördervereinigungen)	Voll-/Teilerhebungen mit Rückmeldebogen (oder „Postkarten" nach A.3), ggf. mit „Belohnungen", Preisausschreiben etc.	Gelegentlich zweifelhafte Repräsentativität oder Seriosität (was mit „Aktionserfolgen" aber oft kompensiert wird!)	Systematische Auswertung v. Gruppengesprächen u. ä. diskursiven Veranstaltungen; Reform der Öffentlichkeitsarbeit
5. Politisch-fiskalische (Fern-) Steuerung künstlerischer Angebote/ Institutionen (durch Staat oder Kommunalverwaltung)	Für problematische, dem öfftl. Kulturauftrag widersprechende Ziele gibt es keine „optimalen" Erhebungen	Widerspricht nicht nur der Kunstfreiheit nach dem GG, sondern auch der angestrebten Dezentralisierung von Verantwortung	Wie A.3, finanzielle Transparenz und mehr Effizienz bedarf ein besseres Management!
6. Laufender öffentlicher „Dialog" mit Nutzern (Verantwortliche u. Mitarbeiter von Kultureinrichtungen)	Wie A.3, zusätzl. teilstandardisierte Berichte v. pädagog. u. Aufsichtspersonal (künftig vermehrt über „elektron. Gästebuch", Nutzerleitsysteme etc.)	Beschränkte Vergleichsmögl. mit anderen Institutionen (vor allem aus anderen Regionen) ggf. aber durch Absprachen zu kontrollieren	Wie C.4, in Eilfällen auch „Spontanumfragen" (halb- offene Fragen, nicht immer repräsentativ oder vergleichbar)
7. Lfd. Fortschreibung und Vergleiche amtlicher/offiziöser Nutzerdaten	Fragebogenerhebung von Institutionen (z. B. durch IfM, DBV, DBI)	Starres Instrument (bundesweit!) mit Rücklaufproblemen u. Zeitverzug	Teilauswertungen f. ausgewählte Institutionen oder Regionen möglich
8. Wissenschaftliche Spezialuntersuchungen (von Fachinstituten, Universitäten etc.)	Alle mündl. u. schriftlichen Erhebungsformen zu Angebot und Nachfrage, einschl. teilnehmende Beobachtung (und in besonders sorgfältiger Auswertung)	Oft langwierige Vorbereitung u. Auswertung, damit wenig Reaktionsmögl. auf aktuelle Veränderungen. Vergleichbarkeit z. T. durch akadem. Spezifika behindert	Wie A.8 (mit einer Fülle von Spezialverfahren und Auswertungstechniken, auch bezogen auf das sozio-ökonomische Umfeld)

3.3 Theorien und Hypothesen in der akademischen Kulturpublikumsforschung

Einleitend wurde bereits darauf hingewiesen, dass der vorliegende Band das Ziel hat, eine überblicksartige Einführung in die Publikumsforschung im Kulturbereich zu geben. Auch wenn die Praxisnähe im Vordergrund steht, soll gleichwohl nicht darauf verzichtet werden, zumindest kurz auf die Bedeutung von Theorien und Hypothesen im Kontext akademischer Forschung einzugehen. Vor dem Hintergrund der Tradition, Fülle und Komplexität wissenschaftstheoretischer Auseinandersetzungen zu diesem Thema sind jedoch an dieser Stelle nur sehr ausschnitthafte, vereinfachte und stark verkürzte Hinweise möglich. Die interessierten Leser seien zur weiterführenden Lektüre zum Beispiel verwiesen auf Döring und Bortz (2016), Lamnek und Krell (2016) oder Opp (2014).

Der Umgang mit Theorien und Hypothesen im Forschungsprozess ist sehr unterschiedlich, je nachdem, ob ein quantitatives oder qualitatives Selbstverständnis der Forscherinnen und Forscher vorliegt (vgl. Kapitel 2.5). Deshalb soll hier eine Annäherung von beiden Seiten erfolgen, beginnend mit der Perspektive *quantitativer Forschung*.

Mit Hilfe einer Theorie wird versucht, „Sachverhalte zu beschreiben, zu erklären und vorherzusagen" (Döring und Bortz 2016, S. 977). Eine Theorie im engeren Sinne weist folgende Bestandteile auf:

1. „Grundannahmen, und zwar:
   - zentrale Hypothesen über Zusammenhänge, die meist nur schwer prüfbar sind.
   - Definitionen der grundlegenden Begriffe.

2. Aus den Grundannahmen abgeleitete Hypothesen sowie Regeln zur Messung der Variablen (‚Messhypothesen')" (Diekmann 2012, S. 141).

Im Rahmen quantitativer Forschung werden *im Vorfeld* einer Erhebung ausgehend von theoretischen Überlegungen aus der Fachliteratur und den Befunden bereits bestehender Studien konkrete Hypothesen formuliert, die sich nach Übertragung in ein Erhebungsinstrument an der „Realität" empirisch überprüfen lassen. Im Kontext akademischer Publikumsforschung wird zum Beispiel häufig die Theorie der „Feinen Unterschiede" Bourdieus (1998) zugrunde gelegt (die er selbst auch in einer großen empirischen Studie überprüft hat). Danach ist Kulturgeschmack und kultureller Konsum keine „Naturgabe", sondern vielmehr gesellschaftlich bedingt und einerseits Ergebnis, andererseits Ursache für soziale Ungleichheit. Ausgehend von diesen theoretischen Überlegungen können beispielsweise Zusammenhänge

3.3 Theorien und Hypothesen in der Kulturpublikumsforschung

zwischen sozialer Herkunft und kultureller Inklusion bzw. Exklusion bei konkreten Kulturpublika untersucht werden oder es kann der Frage nachgegangen werden, wie Publika sozialästhetische Abgrenzung und Nonkonformismus gegenüber anderen Menschen signalisieren (vgl. für Konzertpublika Dollase et al. 1978, 1986 sowie für Filmpublika Glogner 2002a, 2002b).

Unter einer Hypothese wird eine „Aussage über einen Zusammenhang zwischen sozialen Merkmalen, d. h. eine Beziehung zwischen zwei (oder mehr) Variable verstanden" (Diekmann 2012, S. 124). Nach Bortz und Döring (2003, S. 7) muss eine wissenschaftliche Hypothese folgende Kriterien erfüllen:

1. „Eine wissenschaftliche Hypothese bezieht sich auf reale Sachverhalte, die empirisch untersuchbar sind.
2. Eine wissenschaftliche Hypothese ist eine allgemeingültige, über den Einzelfall oder ein singuläres Ereignis hinausgehende Behauptung (‚All-Satz').
3. Einer wissenschaftlichen Hypothese muss zumindest implizit die Formalstruktur eines sinnvollen Konditionalsatzes (‚Wenn-dann-Satz' bzw. ‚Je-desto-Satz') zugrunde liegen.
4. Der Konditionalsatz muss potentiell falsifizierbar sein, d. h. es müssen Ereignisse denkbar sein, die dem Konditionalsatz widersprechen (Bortz und Döring 2003, S. 7).

Als Beispiel ist an dieser Stelle noch einmal die Untersuchung zum individuellen Krisenerleben von Menschen und ihrer Nutzung kultureller Einrichtungen (Reuband 2010) anzuführen. Die zentrale Hypothese lautet: *Je stärker die Verunsicherung von Menschen ist, desto häufiger nutzen sie Kultureinrichtungen.* Wie die in Kapitel 2.5 skizzierte Ergebnisauswahl zeigt, wird die Hypothese jedoch nicht bestätigt, sie wurde damit falsifiziert.

Während im Rahmen der quantitativen empirischen Forschung Theorien und aus ihnen abgeleitete konkrete Hypothesen der zentrale Ausgangspunkt sind, auf deren Basis eine empirische Erhebung entwickelt und durchgeführt wird, um am Ende über die Bestätigung oder Widerlegung der Hypothesen zu entscheiden, stellt sich die Vorgehensweise im Kontext *qualitativer Herangehensweisen* grundlegend anders dar. Hier wird „im Ansatz der gegenstandsbegründeten Theoriebildung den Daten und dem untersuchten Feld Priorität gegenüber theoretischen Annahmen eingeräumt. Diese sollen nicht an den untersuchten Gegenstand herangetragen, sondern in der Auseinandersetzung mit dem Feld und darin vorfindlicher Empirie ,entdeckt' und als Ergebnis formuliert werden" (Flick 2012, S. 124).

Auch wenn hier ebenso Entscheidungen für die zu untersuchende Fragestellung zu treffen sind und die Auswahl der Methoden dem untersuchten Gegenstand angemessen sein muss, wird im Gegensatz zum quantitativen Vorgehen auf die Formulierung konkreter Hypothesen im Vorgriff auf die eigentliche Untersuchung verzichtet (vgl. Flick 2012, S. 124). Auf diese Weise soll vermieden werden, „dass der Forscher aufgrund seiner eigenen theoretischen Annahmen und Strukturen, die seine Aufmerksamkeit auf konkrete Punkte lenken, [...] blind bleibt für die Strukturen im untersuchten Feld bzw. Subjekt" (Flick 2012, S. 125)[14]. Im Unterschied zum „linearen Prozess" quantitativer Forschung wird „zirkulär" (Flick 2012, S. 126) vorgegangen: Angestrebt wird eine offene und flexible Auseinandersetzung mit dem Forschungsgegenstand und eine ständige Reflexion der (methodischen) Vorgehensweise. Im Laufe dieses Prozesses werden dann Hypothesen formuliert und Theorien entwickelt (vgl. Lamnek und Krell 2016, S. 33 f.).

Es sei angemerkt, dass es sich hierbei um eine Gegenüberstellung zweier Positionen handelt, die durchaus auch Mischformen und Kompromisse zulassen, auch wenn überzeugte Vertreter der einen oder anderen Richtung dies vehement ablehnen würden. So ist durchaus auch eine teilstandardisierte Vorgehensweise – zum Beispiel der Einsatz eines Leitfaden-Interviews – denkbar, die auf der Basis theoretischer Vorstrukturierungen entwickelt wird, aber dennoch einen hohen Grad an Offenheit und Flexibilität im Forschungsprozess ermöglicht.

3.4 Die Übertragung in ein Erhebungsinstrument

Nach der Konkretisierung der Zielsetzung und der Formulierung der Fragestellung(en) bzw. Hypothesen kann mit der Auswahl der Methode und der Übertragung in ein Erhebungsinstrument begonnen werden. Hinsichtlich der Wahl der methodischen Vorgehensweise bieten sich vor allem folgende Optionen an: die Inhaltsanalyse, die Beobachtung, die Befragung und das Experiment. Welche Erhebungsmethode angemessen ist, hängt vom Gegenstandsbereich der Studie ab (vgl. Abbildung 3.3). Möchte man „Produkte menschlicher Tätigkeiten" untersuchen, wie zum Beispiel die Kommentare im Besucherbuch, so bietet sich die Inhaltsanalyse an. Geht es darum, das Verhalten von Menschen in Situationen zu untersuchen, die vom Forscher bestimmt bzw. variiert werden, ist das Experiment eine geeignete Vorgehensweise. Ein Beispiel ist die Untersuchung der Reaktionen von Filmzuschauern auf zwei unterschiedliche Schnittfassungen eines Films. Richtet sich das Forschungsinteresse hingegen auf „offenes Verhalten", zum Beispiel

---

14 Vgl. auch die Programmatik qualitativer Sozialforschung (Lamnek und Krell 2016, S. 33 ff.) in Kapitel 2.5.

3.4 Die Übertragung in ein Erhebungsinstrument

das Flanieren und Umsehen von Besuchern in einem Museumsshop, bieten sich Beobachtungsmethoden an. Verhalten kann jedoch nicht nur beobachtet werden. Es besteht auch die Möglichkeit, Menschen über ihr Verhalten zu befragen. Das ist insbesondere dann notwendig, wenn es um Verhalten in der Vergangenheit geht und keine räumliche Beschränkung gegeben ist: Beispielsweise ist die Methode der Beobachtung ungeeignet, wenn man wissen möchte, welche Kunstausstellungen die untersuchten Personen im Laufe des vergangenen Jahres besucht haben. Darüber hinaus bietet sich die Methode der Befragung aber vor allem an, wenn Einstellungen, Meinungen und Überzeugungen bei verschiedenen Zielgruppen erhoben werden sollen.[15]

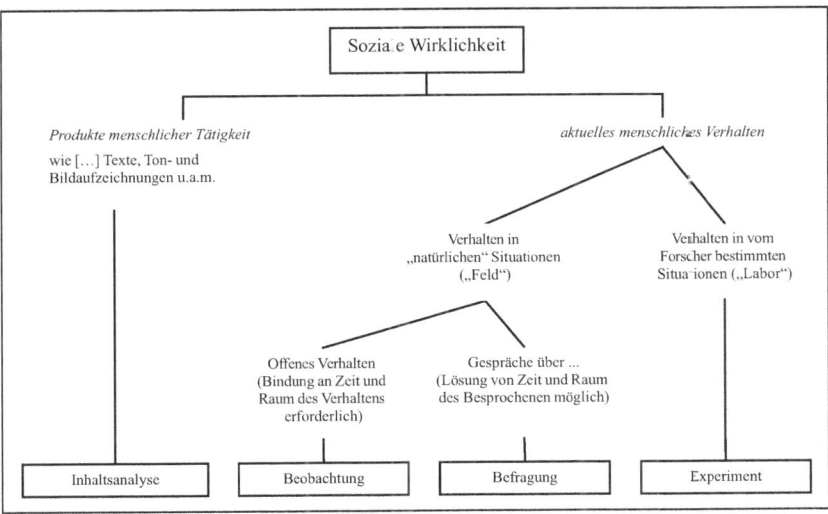

Abb. 3.3 Gegenstandsbereiche und Methoden empirischer Sozialforschung (Atteslander 2010, S. 54)

---

15 Neben den herkömmlichen Erhebungsinstrumenten der Besucherforschung, die vor allem für Praktiker in Kultureinrichtungen von Interesse sind und deshalb auch der zentrale Gegenstand des vorliegenden Beitrags sind, gibt es auch Ansätze für innovative und unkonventionelle Formen der Publikums- und Besucherforschung. Eine Vorstellung und Diskussion an dieser Stelle ist leider nicht möglich, verwiesen sei aber exemplarisch auf Renz und Mandel (2010), Mandel und Renz (2016) sowie van den Berg et al. (2011). Vielfältige Anregungen aus dem Bereich der Kulturellen Bildung finden sich bei Fink et al. (2015).

Durch die Entwicklungen im Bereich der Neuen Medien bieten sich auch methodisch völlig neue Perspektiven für die Publikumsforschung an (vgl. zum Folgenden Glogner-Pilz und Kolb 2014), die jedoch auch mit nicht zu unterschätzenden Herausforderungen verbunden sind, auf die in den folgenden Kapitel noch einzugehen sein wird. Wie bei den „herkömmlichen" Untersuchungsmethoden sollte die jeweilige Entscheidung für den Einsatz sorgfältig abgewogen werden, wobei die in Abbildung 3.4 dargestellte Differenzierung von Datenerhebungsmöglichkeiten nach räumlichen und zeitlichen Aspekten hilfreich sein kann.

Neue Medien eignen sich demnach besonders für den Einsatz in Kommunikationssituationen, die durch technische Vermittlung geprägt sind. Gleichwohl ist durch die rasante Entwicklung vor allem im Bereich der Smartphones und Tablets auch ein Einsatz in direkten Kommunikationssituationen möglich, beispielsweise im Rahmen eines persönlichen Interviews zur Präsentation eines digitalen Fragebogens und zur direkten Antworteingabe.

Zudem wird hinsichtlich des zeitlichen Aspektes zwischen den Kategorien „synchron" und „asynchron" differenziert. Synchronität meint, dass „alle an der Datenerhebung beteiligten Akteure zur selben Zeit über Onlinemedien miteinander verbunden sind" (Ehlers 2005, S. 281). Ein Beispiel wäre ein Interview, das über Online-Telefonie geführt, mitgeschnitten und anschließend ausgewertet wird.

Raum		Zeit	
		Synchron	Asynchron
	Präsenz	• Direkte Kommunikationssituation • Mündliche Interviews • Gruppendiskussion • Teilnehmende Beobachtungen	
	Technisch vermittelt	• Chatinterview • Interview/Gruppendiskussion per Audio-/Videokonferenz • (Kollaborationsumgebungen)[16]	• Interview per E-Mail/Fax • Datenerhebung per Diskussionsforum • Datenexploration per WIKI

Abb. 3.4 Einteilung von Datenerhebungsmöglichkeiten nach räumlichen und zeitlichen Aspekten (Ehlers 2005, S. 282)

---

16 Unter Kollaborationsumgebungen werden Internetplattformen verstanden, „die mehrere synchrone (und auch asynchrone) Kommunikationsformen unter einer einheitlichen Oberfläche anbieten. Dabei werden viele der oben genannten Medien eingebunden und für Kollaborationszwecke modifiziert. So können zum Beispiel Moderatoren in einem Chatinterview oder einer Chat-Gruppendiskussion ‚Rederechte' zuweisen oder zusätzlich noch eine Präsentation zeigen [...]" (Ehlers 2005, S. 282).

3.4 Die Übertragung in ein Erhebungsinstrument

Von Asynchronität wird im Falle von einmaligen oder sequenziell aufeinander folgenden Erhebungsprozessen gesprochen (Ehlers 2005, S. 281). Beispielhaft zu nennen sind Einträge auf Foren oder Social Media Plattformen, die noch lange nach dem Posting für die Datenerhebung zur Verfügung stehen.

Wie gelangt man nun von einer präzisen Fragestellung oder Untersuchungshypothese zu einem Erhebungsinstrument, mit dem man die konkrete Datenerhebung durchführen kann? Im Rahmen eher quantitativ-orientierter bzw. stärker theoriegeleiteter Forschung beginnt an diesem Punkt der Prozess der Operationalisierung: Hierunter versteht „man die Schritte der Zuordnung von empirisch erfassbaren, zu beobachtenden oder zu erfragenden Indikatoren zu einem theoretischen Begriff. Durch Operationalisierung werden Messungen der durch einen Begriff bezeichneten empirischen Erscheinungen möglich" (Atteslander 2010, S. 46, vgl. Schnell et al. 2013, S. 119 ff.).

Wesentlich ist zunächst eine Definition der in der Fragestellung verwendeten Begriffe. Dabei ist zu bedenken, dass es ‚Begriffe an sich" nicht gibt und dass Begriffe in der empirischen Sozialforschung keine „Wahrheiten" sind. In der empirischen Sozialforschung gründen Begriffe vielmehr auf einer Übereinkunft der Forscher, „die in jedem einzelnen Fall darüber befinden müssen, ob diese Begriffe theoretisch sinnvoll und empirisch praktikabel sind" (Atteslander 2010, S. 41).

Wird beispielsweise eine akademische Studie geplant, die der Frage nachgeht, inwiefern sich Bürgerinnen und Bürger mit „ihrem" Stadttheater identifizieren, so ist zunächst eine umfassende Auseinandersetzung mit dem Begriff „Identifikation" notwendig. Doch nicht nur in akademischen Kontexten ist eine gründliche Begriffsklärung wichtig. Auch bei vergleichsweise einfachen, praxisnahen Studien, die sich zum Beispiel der Besucherzufriedenheit widmen, kann auf die Begriffsarbeit nicht verzichtet werden. Interessiert sich beispielsweise ein Stadttheater dafür, was für ein Image das Haus, das Programm im Allgemeinen und die Jugendsparte im Besonderen bei den ortsansässigen Jugendlichen haben, so muss geklärt werden, was genau unter einem „Jugendlichen" zu verstehen ist: Personen, die einer bestimmten Altersgruppe angehören oder Personen, die sich selbst (noch) als „jugendlich" bezeichnen? Darüber hinaus ist das „Image", das untersucht werden soll, zu definieren und abzugrenzen von anderen aus Marketingsicht relevanten Faktoren, wie beispielsweise dem tatsächlichen Wissen über die Institution oder den Erwartungen an das Serviceangebot (vgl. zu den verschiedenen Nutzen-Dimensionen eines Kulturproduktes zum Beispiel Klein 2011a, S. 11 ff.). Anzumerken ist, dass insbesondere die begriffliche Vorarbeit auch im Rahmen eines qualitativ-teilstandardisierten theoretisch zumindest vorstrukturierten Forschungsvorgehens sinnvoll ist.

Sind die Begriffe geklärt, kann mit der Definition der Variablen fortgefahren werden. „Variablen können als zusammenfassender Begriff für verschiedene Ausprägungen einer Eigenschaft (den ‚Variablenwerten') angesehen werden; z. B. [kann] die Variable ‚Ampelfarbe' [...] die Variablenwerte ‚rot, gelb, grün' annehmen" (Schnell et al. 2013, S. 120 f.). Variablen lassen sich folgendermaßen differenzieren:

- Diskrete bzw. diskontinuierliche Variablen: Es können nur wenige unterschiedliche Werte angenommen werden. Hierzu gehören:
  ○ Dichotome Variablen: Es können zwei Werte angenommen werden. Beispiel: Kenntnis einer Kultureinrichtung (mögliche Ausprägungen: bekannt / unbekannt).
  ○ Polytome Variablen: Es können mehr als zwei Werte angenommen werden. Beispiele: *Schulbildung (mögliche Ausprägungen: Förderschule / Hauptschule / Realschule / Gymnasium / keine Schulausbildung)* oder *Zufriedenheit mit der Ticketreservierung (mögliche Ausprägungen: sehr zufrieden / zufrieden / mittelmäßig zufrieden / unzufrieden / sehr unzufrieden)*.
- Stetige bzw. kontinuierliche Variablen: Es kann jeder beliebige Wert aus einer Menge von reellen Zahlen unterschieden werden (Atteslander 2010, S. 48). Beispiel: *Jahre der Mitgliedschaft in einem Kunstverein*.

Eine Unterscheidung wird ferner zwischen *abhängigen* und *unabhängigen* Variablen getroffen: Damit wird zum Ausdruck gebracht, dass „Veränderungen der einen (abhängigen) Variablen mit dem Einfluß einer anderen Variablen erklärt werden sollen" (Bortz und Döring 2003, S. 6). Untersucht man beispielsweise, ob das Alter von Kinobesuchern die Häufigkeit von Kinobesuchen beeinflusst, dann ist das „Alter" die *unabhängige* Variable und die „Kinobesuchshäufigkeit in den vergangenen zwölf Monaten" die *abhängige* Variable.

Bei der Definition der Variablen ist zu beachten, dass deren Werte bzw. Merkmalsausprägungen immer *disjunkt* und *erschöpfend* sein müssen. Das heißt, die Merkmalsträger dürfen sich nicht überlappen (*disjunkt*) und alle Merkmalsträger müssen berücksichtigt sein (*erschöpfend*). Eine Variable wie zum Beispiel die „Anzahl der Theaterbesuche in den letzten zwölf Monaten" mit den Ausprägungen „einmal", „zwei- bis dreimal", „drei- bis viermal" und „fünfmal" erfüllt diese Voraussetzung *nicht*: Personen, die nie oder mehr als fünfmal im Jahr ein Theater besucht haben, bleiben unberücksichtigt. Personen, die genau dreimal im Theater waren, können zwei Merkmalsausprägungen zugeordnet werden.

Um Messungen vornehmen zu können, bedarf es einer Zuordnung von Zahlen zu den Merkmalsausprägungen nach bestimmten Regeln (vgl. auch Tabelle 10.1 in

3.4 Die Übertragung in ein Erhebungsinstrument

Kapitel 10.1). Es können folgende Skalenarten unterschieden werden, mit denen Messungen möglich sind:

- „Von einer *Nominalskala* […] spricht man, wenn von den Beziehungen (Relationen) zwischen den Ziffern der Messskala nur die Gleichheit/ Ungleichheit empirisch interpretiert werden darf" (Kromrey et al. 2016, 204).

Beispiel: Geschlecht	weiblich	=	Kodierung 1
	männlich	=	Kodierung 2

- „Eine *Ordinalskala* […] liegt vor, wenn von den Beziehungen zwischen den Zahlen der Messskala neben der Gleichheit/Ungleichheit auch die Rangordnung (größer/kleiner) empirisch interpretiert werden darf" (Kromrey et al. 2016, S. 205).

Beispiel: Häufigkeit	fast nie	=	Kodierung 1
der Nutzung von	1 x pro Jahr	=	Kodierung 2
Kulturangeboten in	2 x pro Jahr	=	Kodierung 3
Stadt XY	4 x pro Jahr	=	Kodierung 4
	1 x pro Monat	=	Kodierung 5
	2 x pro Monat	=	Kodierung 6
	1 x pro Woche	=	Kodierung 7
	mehrmals pro Woche	=	Kodierung 8

- „Eine Intervallskala ist gegeben, wenn von den Beziehungen zwischen den Zahlen der Messskala auch die Abstände empirisch interpretierbar sind" (Kromrey et al. 2016, S. 206).

Beispiel: Ausprägung des	sehr interessiert	=	Kodierung 1
Interesses an Kunst und	…	=	Kodierung 2
Kultur	…	=	Kodierung 3
	…	=	Kodierung 4
	nicht interessiert	=	Kodierung 5

- „Von einer Ratioskala […] spricht man, wenn zusätzlich noch der Nullpunkt der Messskala eine empirische Bedeutung hat und wenn dementsprechend auch die Größenverhältnisse zwischen den Zahlen (engl.: ratio) als Verhältnisse zwischen den Merkmalsausprägungen interpretiert werden dürfen: Zum Beispiel bedeuten dann doppelt so hohe Zahlenwerte der Skala eine doppelt so hohe (intensive, starke) Merkmalsausprägung" (Kromrey et al. 2016, S. 26).

  Beispiele: das Alter oder das Einkommen von Veranstaltungsbesuchern

Bei der Entwicklung eines Erhebungsinstrumentariums ist sorgfältig abzuwägen, welche Skalen zum Einsatz kommen sollen, da sich hieraus vielfältige Konsequenzen für die Analyse der Daten und die Interpretation der Ergebnisse ergeben. Hierauf wird in Kapitel 10, das sich der Auswertung widmet, noch einmal gesondert einzugehen sein.

Schließlich soll an dieser Stelle auch noch die Möglichkeit der Indexbildung erwähnt werden. Ein Index kann als Variable definiert werden, „deren Werte sich aus einer Rechenoperation mehrerer anderer Variablen ergeben" (Diekmann 2012, S. 240). Eingesetzt werden kann ein Index, wenn eine zu untersuchende Merkmalsdimension sich aus mehreren Teildimensionen zusammensetzt (Berekhoven et al. 1999, S. 77). Durch die Berücksichtigung mehrerer Dimensionen soll die Chance erhöht werden, Messungenauigkeiten zu reduzieren und „so den gemeinten ‚wahren' Sachverhalt eher abzubilden" (Kromrey et al. 2016, S. 171). Möchte man zum Beispiel in einer Volkshochschule die Zufriedenheit mit dem Begleitmaterial zu den Kursen erheben, kann man die Dimensionen „Zufriedenheit mit dem Umfang", „Zufriedenheit mit der Aktualität", „Zufriedenheit mit der Verständlichkeit", „Zufriedenheit mit der Gestaltung" usw. mit einer zweistufigen Skala „zufrieden – nicht zufrieden" jeweils getrennt erheben. In der Auswertung wird dann aus diesen Werten durch eine Rechenoperation – beispielsweise durch Summierung – ein Indexwert gebildet.[17]

Nach der Betrachtung des Ablaufs einer empirischen Publikumsstudie, den Hinweisen zur Zielformulierung und der Erläuterung, was bei der Übertragung einer Frage- bzw. Problemstellung in ein Erhebungsinstrument grundlegend zu beachten ist, wird im Folgenden eine Auswahl an Untersuchungsmethoden vorgestellt.

---

17 Ausführliche Hinweise zu Fragen und Problemen der Indexbildung sind zu finden bei Schnell et al. (2013, S. 156 ff.). Verwiesen sei an dieser Stelle auch auf Skalierungsverfahren, die vor allem zur Messung von Einstellungen angewendet werden. Weiterführende Erläuterungen sind nachzulesen beispielsweise bei Schnell et al. (2013, S. 169 ff.) oder Diekmann (2012, S. 230 ff.).

Die Befragung in der Kulturpublikumsforschung

4

Obgleich es eine Vielfalt an methodischen Zugängen in der Kulturpublikumsforschung gibt, dominieren bislang – insbesondere in anwendungsbezogenen Zusammenhängen – der schriftliche Fragebogen zum Selbstausfüllen und das persönliche Interview mittels eines Frageleitfadens als Erhebungsinstrumente (vgl. ZAD 2007, S. 15). Mitunter drängt sich gar der Eindruck auf, dass Besucherforschung eine reine Umfrageforschung sein könnte (vgl. zum Beispiel Reuband 2016). Da Befragungsmethoden im Kontext von Publikumsstudien eine derart große Rolle spielen, sollen sie auch hier vergleichsweise ausführlich vorgestellt werden. Zuvor wird aber auf einige grundlegende Aspekte bei der Konzeptionierung und Durchführung von Befragungen bzw. Interviews eingegangen, die bei allen Formen – sei es die Befragung über einen schriftlichen Fragebogen, das persönliche Leitfaden-Interview, die Gruppenbefragung oder das Experteninterview – zu beachten sind.

4.1 Grundlagen

Nicht selten ist bei Seminaren und Workshops zu Methoden der Publikumsforschung zu hören, dass die Ergebnisse von Befragungen nichts aussagen würden, da ohnehin nur selten die wahre Antwort gegeben wird und die Befragten aus Spaß bewusst falsche Angaben machen. Zunächst sei deshalb vorausgeschickt, dass der Einsatz einer Befragungsmethode nur in Erwägung gezogen werden sollte, wenn man ein grundsätzliches Vertrauen in die Aufrichtigkeit von Menschen hat. Fehlt dieses Vertrauen, ist ein Befragungsprojekt von vorne herein zum Scheitern verurteilt.

Gleichwohl können entsprechende Einzelfälle natürlich nicht ausgeschlossen werden. Und selbstverständlich gibt es mitunter auch Faktoren, die das Antwortverhalten der zu untersuchenden Personen beeinflussen können und möglicherweise zu verzerrten Ergebnissen führen. Um diesen Problembereich und mögliche Lösungen soll es im Folgenden gehen.

„Befragung bedeutet Kommunikation zwischen zwei oder mehreren Personen. Durch verbale Stimuli (Fragen) werden verbale Reaktionen (Antworten) hervorgerufen: Dies geschieht in bestimmten Situationen und wird geprägt durch gegenseitige Erwartungen. Die Antworten beziehen sich auf erlebte und erinnerte soziale Erlebnisse, stellen Meinungen und Bewertungen dar" (Atteslander 2010, S. 109). Diese Definition sowie Abbildung 4.1, die den Prozess des Fragens und Antwortens überblicksartig darstellt, verdeutlichen, dass es bei Interviews um mehr geht, als „nur" um gut formulierte Fragen: Eine Befragung ist immer auch eine soziale Situation. Zum einen stehen sich der Interviewer und der Befragte gegenüber und beeinflussen sich gegenseitig, zum anderen fühlen sich beide möglicherweise von Dritten beobachtet, was gerade bei Publikumsstudien häufig vorkommt. Doch nicht nur die soziale Situation kann Einfluss auf die Befragung nehmen; auch die Art und Weise, wie Befragte die an sie gerichteten Fragen „verarbeiten" ist von Bedeutung.

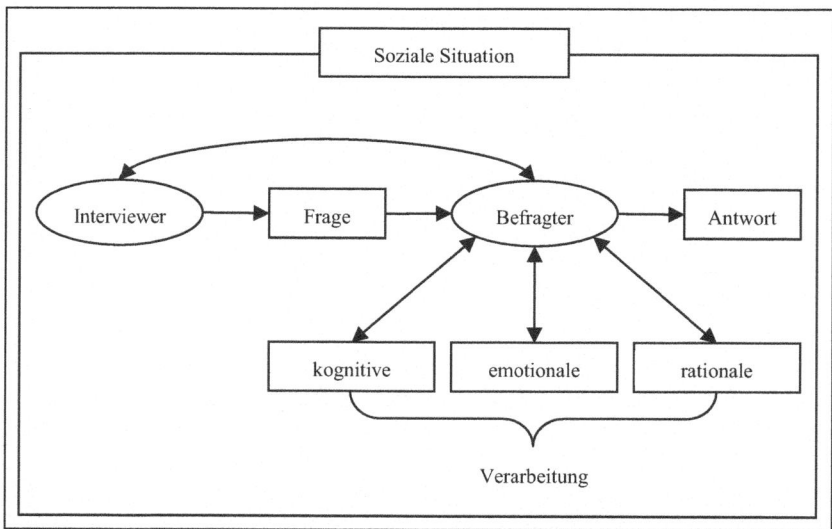

Abb. 4.1 Prozess des Fragens und Antwortens (vgl. Atteslander 2010, S. 114, 118)

Wie in Abbildung 4.1 ersichtlich ist, können kognitive, emotionale und rationale Verarbeitungsprozesse Einfluss auf die Befragten und ihr Antwortverhalten nehmen.

4.1 Grundlagen

Zunächst wird die *kognitive* Verarbeitung genauer betrachtet. Kognition ist ein in der Psychologie verwendeter Begriff. Es geht dabei um die „Informationsverarbeitung", das heißt beispielsweise um Wahrnehmungs- und Verstehensprozesse oder Erinnerungsleistungen. So ist bei einer Befragung von Kindern zu bedenken, dass die Fragen altersgerecht formuliert sind und von dieser Zielgruppe auch tatsächlich verstanden werden können.[18] Ein Beispiel zur Erinnerungsleistung wäre die Frage nach der Besuchshäufigkeit in der Vergangenheit. Hier sollten Zeiträume gewählt werden, welche die Befragten nicht überfordern.

Darüber hinaus können auch *emotionale* Aspekte das Antwortverhalten im Rahmen einer Befragung beeinflussen (wenn beispielsweise ein Interview mit Zeitzeugen des 2. Weltkrieges Erinnerungen an schreckliche Ereignisse weckt), sie sind im Rahmen von Publikumsstudien jedoch weniger von Relevanz. An dieser Stelle sei aber auf den Faktor Zeit bzw. Zeitdruck hingewiesen, der ggf. zur Verärgerung der angesprochenen Besucher führt (und damit zu entsprechenden Antworten). Auch bei Interviews mit unzufriedenen Besuchergruppen sollte der emotionale Aspekt von vorne herein bei der Befragungskonzeption mit bedacht werden.

Besonders bedeutsam ist schließlich die *rationale* Verarbeitung. Es ist nicht auszuschließen, dass Befragte einen „Kosten-Nutzen-Vergleich" durchführen, bevor sie antworten. Möglich ist, dass man einerseits durch eine Antwort Missbilligung befürchtet („Kosten") oder andererseits soziale Anerkennung anstrebt („Nutzen") (vgl. Diekmann 2012, S. 447 f.). Man spricht in diesem Zusammenhang auch von *sozialer Erwünschtheit*. So verheimlicht ein Befragter unter Umständen, dass er nie ins Theater geht, um nicht für ungebildet gehalten zu werden. Entsprechend kann ein unprofessionelles Auftreten des Interviewers – zum Beispiel durch überhebliche Kommentierung der Antworten oder Stirnrunzeln – bestimmte Antwortverzerrungen begünstigen. Auch die Anwesenheit Dritter – wenn beispielsweise bei einer Besucherbefragung eine Clique gemeinsam die Fragebögen ausfüllt – kann Einfluss auf das Antwortverhalten haben.

Obgleich Kultur – und vor allem Hochkultur – von großer Bedeutung für Status und gesellschaftliches Prestige sind und sich somit zur Selbstdarstellung eignen (vgl. zusammenfassend Bekmeier-Feuerhahn 2012, S. 272 ff.), wurde das Phänomen der sozialen Erwünschtheit im Kontext der Kulturpublikums- bzw. Kulturnutzerforschung bislang überraschenderweise kaum zum Untersuchungsgegenstand gemacht. Einen ersten Beitrag zur Frage, „ob in der Besucherforschung sozial erwünschtes Antwortverhalten die Verlässlichkeit der Aussagen ernsthaft

---

18 Hilfreiche Einführungen zur Befragung von Kindern und Jugendlichen liefern Trautmann (2009) und Vogt (2015). Für weiterführende Informationen ist zu empfehlen Walther et al. (2010).

gefährden kann", liefert eine empirische Studie von Bekmeier-Feuerhahn (2012, S. 267). Anwendung findet dabei der sogenannte „Implizite Assoziationstest"[19], der als reaktives implizites Messverfahren nicht auf verbale Auskünfte angewiesen ist und sich in besonderer Weise zur Erfassung von Prädispositionen gegenüber Einstellungsobjekten eignet (Bekmeier-Feuerhahn 2012, S. 286 f.). Auf der Basis von 399 Untersuchungsteilnehmern kommt die Studie zu dem Ergebnis,

> „dass der Informationsgehalt evaluativer Befragungen im Bereich der Kulturnutzerforschung, die sich auf Prädispositionen und Bewertungen beziehen, wenig verlässlich ist. Dies gilt vor allem bei Kulturnutzern mit weniger positiven Einstellungen zur Kultur – in der Regel Gelegenheitsnutzer, in besonderem Ausmaß aber auch Nichtkulturnutzer. Vor allem bei positiven Kulturbewertungen scheint hier die Gefahr von Antwortverzerrungen durch sozial erwünschtes Antwortverhalten groß zu sein" (Bekmeier-Feuerhahn 2012, S. 287 f.).

Bislang gibt es noch keine spezifisch für die Kulturpublikumsforschung entwickelten Maßnahmen zur Vermeidung des Effektes der sozialen Erwünschtheit, so dass für die Konzeptionierung von Publikumsbefragungen lediglich recht allgemeine Empfehlungen zur Verfügung stehen, die jedoch unbedingt beachtet werden sollten.

Um Antwortverzerrungen durch sozialen Einfluss so weit wie möglich zu vermeiden, ist grundsätzlich die gesamte Interviewsituation zu kontrollieren: Dies beginnt bei der Erscheinung des Interviewers – zum Beispiel Kleidung, Sprache – und geht über die Kontaktaufnahme mit den Befragten – einheitliche Anrede und Informationen über die Studie – sowie die neutrale Frageformulierung und Interviewführung bis hin zu einem Leitfaden, wie sich der Interviewer in bestimmten Situationen zu verhalten hat – beispielsweise wenn ein Ehepaar unbedingt gemeinsam einen Fragebogen ausfüllen möchte, der nur für die Befragung von Einzelpersonen gedacht ist. Ferner sollte darauf geachtet werden, dass Interviewer und Befragte so weit wie möglich nicht durch andere Personen gestört werden.

Eine besondere Form der sozialen Erwünschtheit zeigt sich bei Personen, die sich trotz Unkenntnis oder Meinungslosigkeit zu einem Befragungsgegenstand äußern, weil sie sich keine Blöße geben möchten. Hier bietet sich zum einen der Einsatz von Kontrollfragen an. Beispielsweise ist es denkbar, bei einer Befragung zur Nutzung kommunaler Kulturangebote ein bis zwei fiktive Institutionen aufzunehmen. Geben nun Personen an, diese besonders intensiv zu nutzen, sollten diese Fragebögen aus

---

19 Der „Implicit Association Test" geht zurück auf Greenwald et al. (1998). Weiterführende Informationen und Beispieltests sind zu finden unter: https://implicit.harvard.edu/implicit/germany/background/index.jsp (Abruf: 6. März 2018); http://www.projectimplicit.net/index.html (Abruf: 6. März 2018)

4.1 Grundlagen

der Auswertung ausgeschlossen werden. Zum anderen können aber auch Filterfragen gestellt werden, auf die in Kapitel 4.2 noch gesondert eingegangen wird.

In sehr seltenen Fällen lassen sich auch systematische Antwortmuster beobachten, beispielsweise wenn nur mit „Ja", nur mit „Nein" oder immer abwechselnd mit „Ja" und „Nein" geantwortet wird. Über die Gründe eines solchen Verhaltens seitens der Befragten kann man nur spekulieren. In jedem Fall muss der Datensatz vor der Auswertung entfernt werden, wenn ein solches Muster erkennbar ist. Um einer allgemeinen Zustimmungstendenz vorzubeugen, bietet es sich an, die Frageformulierung oder die Formulierung von Aussagen, zu denen Stellung genommen werden soll, gelegentlich zu variieren. Ein Beispiel wäre die Aussage „Ein breites öffentliches Kulturangebot ist für mich unverzichtbar", die man auch entgegengesetzt formulieren kann: „Ein breites öffentliches Kulturangebot ist für mich überflüssig".

Tab. 4.1 Standardisierungsgrade von Befragungen (vgl. u. a. Gläser und Laudel 2009, S. 41; Lamnek und Krell 2016, S. 318 ff.)

Grad der Standardisierung	Beispiel	Fragen	Antworten
nicht-standardisierte Befragung ↑	narratives Interview	nur Thema oder Einstieg vorgegeben	nicht vorgegeben
teilstandardisierte Befragung ↓	Leitfaden-Interview	Formulierung und Reihenfolge vorgegeben, aber flexibel	nicht vorgegeben
standardisierte Befragung	Fragebogen zum Ankreuzen	Formulierung und Reihenfolge festgelegt	vorgegeben

Nachdem dargelegt wurde, welche Aspekte allgemein bei wissenschaftlichen Befragungen zu beachten sind, wird nun auf die einzelnen Interviewformen näher eingegangen. Entsprechend zu der in Kapitel 2.5 getroffenen Unterscheidung zwischen quantitativer und qualitativer Forschung können – wie in Tabelle 4.1 dargestellt – standardisierte, teilstandardisierte und nicht-standardisierte Interviewmethoden unterschieden werden.

Standardisierte Interviews haben den Vorteil, dass man eine breite Datenbasis erhält und die Antworten sehr gut miteinander vergleichen kann. Nicht-standardisierte Interviews sind demgegenüber einzelfallorientiert und bemühen sich um vertiefte Einblicke in subjektive Sichtweisen.

Das folgende Kapitel widmet sich zunächst den in der Regel eher standardisierten Methoden des schriftlichen Fragebogens, des telefonischen Interviews und der computerunterstützten Befragung. Danach werden die teilstandardisierten und nicht-standardisierten Methoden des Leitfaden-Interviews, des narrativen Interviews und der Gruppendiskussion vorgestellt.

4.2 Formen der Befragung

Schriftliche Befragungen

Der schriftliche Fragebogen wird oft auch als „Papier-und-Bleistift-Fragebogen" bezeichnet. Bei dieser Form der Befragung machen die Probanden ihre Angaben durch Kreuze an den von ihnen favorisierten Antwortvorschlägen oder tragen kurze schriftliche Kommentare ein. Es ist in der Regel kein Interviewer vorgesehen, der die Fragen noch einmal vorliest oder die Antworten notiert.

Mit einer schriftlichen Befragung ist eine Reihe an *Vorteilen* verbunden, weshalb sie auch sicherlich zu dem am häufigsten eingesetzten Erhebungsinstrumentarium in der Publikumsforschung zählt. Gleichwohl sollte man bedenken, dass letztendlich immer die Angemessenheit der Methode für das Erkenntnisziel bei der Wahl des Untersuchungsinstrumentariums entscheidend sein sollte. Einer der zentralen Vorteile – gerade bei Publikumsstudien – ist, dass man viele Befragte in kurzer Zeit erreicht, da die Fragebögen selbstständig ausgefüllt werden. Wird demgegenüber ein Interviewer eingesetzt, so können bei einem Fragebogen, dessen Beantwortung im Durchschnitt 15 Minuten dauert, pro Stunde nur maximal vier Personen befragt werden. Damit ergibt sich auch der zweite Vorteil: Eine Befragung mit einem schriftlichen Fragebogen ist in der Regel sehr viel günstiger, da die Personalkosten für die Interviewer entfallen. Ein weiterer Vorteil ist die von den Befragten selbst zu bestimmende Befragungsdauer: Man kann sich so viel Zeit für das Ausfüllen des Fragebogens nehmen, wie individuell benötigt wird. Bei einer schriftlichen Befragung ist zudem die Gefahr sozial erwünschter Antworten (vgl. Kapitel 4.1) deutlich geringer, da die Anonymität gewahrt bleibt und es zu keinen – bewussten wie unbewussten – Beeinflussungen durch den Interviewer kommen kann.

Trotz dieser überzeugenden Vorteile dürfen jedoch auch die *Nachteile* nicht übersehen werden. Besonders problematisch ist die erfahrungsgemäß geringe Beteiligung bei rein schriftlichen Publikumsbefragungen: Um Veranstaltungsbesucher für eine Teilnahme zu motivieren und einen Rücklauf von 30 bis 40 Prozent der verteilten Fragebögen zu erhalten, bedarf es in der Regel einiger Maßnahmen, auf die in Kapitel 8 noch gesondert eingegangen wird. Ein weiterer kritischer Aspekt ist die Nicht-Kontrollierbarkeit der Befragungssituation bei schriftlichen Befragungen: Zum einen kommt es immer wieder vor, dass Fragebögen nicht alleine, sondern gemeinsam von Paaren oder Besuchergruppen ausgefüllt werden und

4.2 Formen der Befragung

damit unbrauchbar sind. Zum anderen besteht die Gefahr, dass die selbstständige Bearbeitung der Fragebögen weniger sorgfältig erfolgt als wenn ein Interviewer anwesend ist. Darüber hinaus muss der Fragebogen so weit wie möglich selbsterklärend, klar strukturiert und leicht verständlich sein. Je standardisierter ein Befragungsinstrument ist, desto weniger Informationen erhält man aber jenseits der vorgegebenen Antworten. Befragte notieren zwar immer wieder auch einmal Bemerkungen zu einzelnen Fragen oder Antwortkategorien, spontane Äußerungen oder Eindrücke lassen sich ohne einen Interviewer aber nicht erfassen. Aufgrund der skizzierten Nachteile empfiehlt es sich, auch bei rein schriftlichen Befragungen nach Möglichkeit Personal einzusetzen, das die Fragebögen aktiv verteilt und für Rückfragen – seien diese zum Verständnis des Fragebogens oder aus allgemeinem Interesse an der Studie – zur Verfügung steht (vgl. Kapitel 8 und Kapitel 9).

Nach dieser kurzen Skizzierung wesentlicher Vor- und Nachteile der schriftlichen Befragung wird nun auf die wichtigsten Frageformen eingegangen. Daraufhin wird erläutert, was bei der Frageformulierung zu beachten ist. Sodann werden Hinweise zum Gesamtaufbau und der Gestaltung eines Fragebogens gegeben.

Für die Erstellung eines Fragebogens steht eine ganze Reihe an Frageformen zur Verfügung. Zunächst wird unterschieden zwischen offenen, geschlossenen und halboffenen Fragen. „Die offene Frage enthält keine festen Antwortkategorien. Die befragte Person kann ihre Antwort völlig selbstständig formulieren […]" (Atteslander 2010, S. 146). „Bei der geschlossenen Frage werden dem Befragten zugleich auch alle möglichen oder zumindest alle relevanten Antworten – nach Kategorien geordnet – vorgelegt" (Atteslander 2010, S. 146). Die halboffene Frage ist eine Mischform der beiden vorgenannten.

Beispiele:
- Offene Frage: *Welche Angebote soll unser Kulturzentrum ausbauen? Bitte notieren Sie!*
- Geschlossene Frage: *Welche Angebote soll unser Kulturzentrum ausbauen? Angebote für … Kinder / Jugendliche / junge Familien / Erwerbslose / Senioren*
- Halboffene Frage: *Welche Angebote soll unser Kulturzentrum ausbauen? Angebote für … Kinder / Jugendliche / junge Familien / Erwerbslose / Senioren / Sonstige (bitte notieren):* ✎

Geschlossene Fragen lassen sich des Weiteren nach Art der Antwortkategorien folgendermaßen differenzieren (vgl. Diekmann 2012, S. 476 f.):
- Dichotome Ja-Nein-Fragen. Beispiel: *Kennen Sie die Staatsgalerie Stuttgart? Ja / Nein*
- Alternativfragen: Es ist eine von zwei (oder mehr) Antwortmöglichkeiten auszuwählen. Beispiel: *Welcher der beiden Aussagen stimmen Sie zu:*

- Die öffentliche Hand muss sich stärker für Kultur engagieren.
- Für das kulturelle Leben muss die Unterstützung von privater Seite ausreichen.
- Fragen mit Mehrfachantworten: Hier können mehrere der vorgegebenen Antwortmöglichkeiten ausgewählt werden. Ein typisches Beispiel aus dem Kulturbereich ist:

Wie informieren Sie sich in der Regel über das städtische Kulturangebot? (mehrere Antworten möglich)			
Tageszeitung	O	Stadtmagazin	O
Anzeigenblatt	O	Empfehlungen	O
Radio	O	Plakate	O
Flyer	O	Veranstaltungskalender	O
Internet	O	…	O

Abb. 4.2 Fragen mit Mehrfachantworten

- Rating- und Ranking-Fragen: Hierbei handelt es sich um Fragetechniken zur Ermittlung von Prioritäten. Beim Rating-Verfahren wird die Bedeutung jeweils separat auf einer Skala mit den Polen sehr wichtig bis überhaupt nicht wichtig (Ratingskala) eingestuft. Beim Ranking-Verfahren geben die Befragten dagegen in einer Rangfolge an, wie wichtig ihnen die einzelnen Themen sind. Auch hierzu ein Beispiel:

Rating						Ranking
Wie wichtig sind Ihnen folgende kulturellen Aktivitäten?	sehr wichtig	←		→	überhaupt nicht wichtig	Wie wichtig sind Ihnen folgende kulturellen Aktivitäten? Lesen / Kinobesuch / Theaterbesuch / Museumsbesuch / … Bitte erstellen Sie Ihre persönliche Rangliste:
Lesen	O	O	O	O	O	1.
Kinobesuch	O	O	O	O	O	2.
Theaterbesuch	O	O	O	O	O	3.
Museumsbesuch	O	O	O	O	O	4.
…	O	O	O	O	O	5.

Abb. 4.3 Rating- und Ranking-Fragen

4.2 Formen der Befragung

Um das Image oder die Einstellung gegenüber einem bestimmten Objekt – sei es ein Konzerthaus, eine Ausstellung oder eine Vortragsreihe – zu ermitteln, können sogenannte Polaritätsprofile bzw. semantische Differentiale (Döring und Bortz 2016, S. 276 f.) eingesetzt werden. Dabei werden bestimmte Eigenschaften der Untersuchungsobjekte über Adjektivpaare bewertet. Bildet man die Mittelwerte aus den Angaben der Befragten, erhält man ein Durchschnittsprofil. Besonders interessant sind solche Profile, wenn man bestimmte Personengruppen miteinander vergleichen will. Beispielsweise könnte man die folgende Frage sowohl erwachsenen Besuchern als auch jugendlichen Besuchern stellen, um deren Profile dann – wie hier fiktiv geschehen – miteinander zu vergleichen.

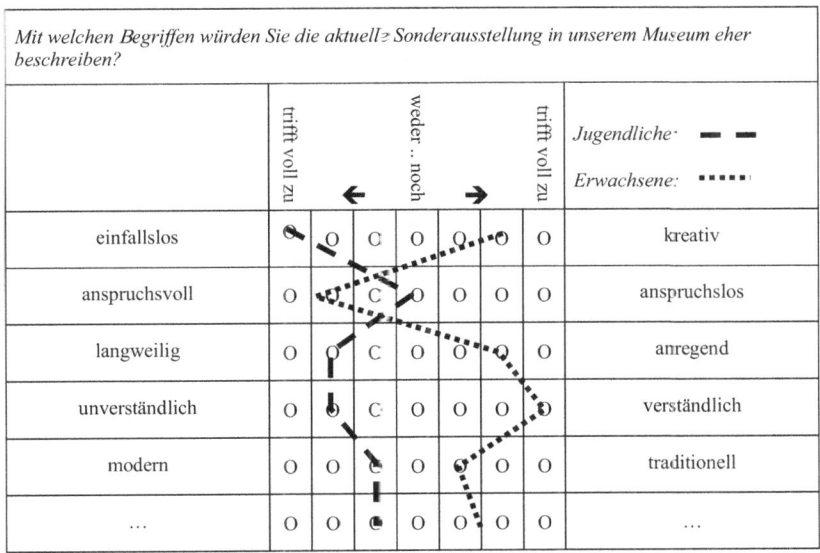

Abb. 4.4 Polaritätsprofil

Darüber hinaus gibt es schließlich sogenannte Filterfragen. Filterfragen „werden Frageblöcken vorgeschaltet, die sinnvollerweise nur von einer Teilmenge der interviewten Personen beantwortet werden sollten" (Diekmann 2012, S. 478).

Beispiel: *Haben Sie schon einmal unsere Online-Reservierung genutzt? Ja / Nein Falls Sie „Nein" angekreuzt haben, überspringen Sie bitte den folgenden Frageblock zur Zufriedenheit mit der Online-Reservierung.*

Bei der Frageformulierung gibt es einige Grundregeln zu beachten (vgl. zum Folgenden Diekmann 2012, S. 479 ff.). Die in Zusammenhang mit Besucherbefragungen wichtigsten „Gebote" lauten:[20]

- Kurz, verständlich und hinreichend präzise: „Fragen sollten kurz, verständlich, mit einfachen Worten und hinreichend präzise formuliert sein. Sie sollten nicht bürokratisch gestelzt klingen, und es sollten Fremdworte vermieden werden, die in der Zielgruppe nicht allgemein üblich sind" (Diekmann 2012, S. 479).
- Keine platten Anbiederungen: Fragen sollten in Hochdeutsch und ohne Anbiederung an Dialekte, jugendkulturelle Formulierungen o. ä. formuliert werden.
- Keine doppelten Verneinungen: Fragen mit doppelter Verneinung führen leicht zu Missverständnissen.
Beispiel: Sind Sie gegen eine Aufhebung staatlicher Kulturförderung?
- Antwortkategorien sollten disjunkt, erschöpfend und präzise sein (vgl. die vorhergehenden Ausführungen zu Merkmalskategorien).
- Keine mehrdimensionalen Fragen: „Antworten auf mehrdimensionale Fragen sind nicht eindeutig einer Zieldimension zurechenbar. Eine Bejahung oder Verneinung der folgenden Aussage lässt mehrere Interpretationen zu" (Diekmann 2012, S. 481).
Beispiel: Öffentliche Kulturförderung erhöht die Qualität des Kulturangebots, stellt aber eine Belastung der kommunalen Haushalte dar. Stimmen Sie dieser Aussage zu oder nicht?
- Normalerweise keine Suggestivfragen: Sie können die Antwort in eine bestimmte Richtung lenken.
Beispiel: Wie zufrieden sind Sie persönlich mit unserem allseits beliebten Musikunterricht?
- Keine Überforderung der Befragten:
Beispiel: Wie viel Prozent Ihres Brutto-Einkommens geben Sie für Kultur aus? Die Befragten müssen überlegen, wie hoch ihr Brutto-Einkommen ist, was unter Kultur zu verstehen ist und wie viel sie für Kultur ausgegeben. Darüber hinaus müssen sie auch noch den Prozentwert ausrechnen. Einfacher wäre zunächst die Frage nach dem Einkommen und dann die Frage nach den Kulturausgaben

---

20 Eine Vielzahl interessanter Fragebogenbeispiele für den Kulturbereich ist zu finden bei Butzer-Strothmann et al. (2001). Beispiele und Literaturhinweise für Befragungen im Museumsbereich sind zu finden unter: http://www.arbeitsgruppe-heidelberg.de/evaluation-und-besucherforschung-serviceleistungen-der-afeb/besucherstudien (Abruf: 12. Juli 2018)

4.2 Formen der Befragung

(wobei der Begriff Kultur zu spezifizieren ist). Die Berechnung des Prozentwertes könnte dann vom Interviewer vorgenommen werden.

Ebenso wie bei der Frageformulierung sind auch beim Aufbau und der Gestaltung eines Fragebogens einige Grundregeln zu beachten, um einerseits zur Teilnahme zu motivieren und um andererseits einen vorzeitigen Abbruch der Befragung – beispielsweise durch Überforderung – zu vermeiden.

Zu Beginn eines Fragebogens sollten die Befragten in jedem Fall höflich angesprochen und an das Thema der Befragung hingeführt werden. Hilfreich sind auch erste Hinweise zum Ausfüllen des Fragebogens, Angaben zur voraussichtlichen Befragungsdauer sowie eine Anmerkung, dass die Befragung anonym ist.

Beispiel:

Sehr geehrte Besucherin, sehr geehrter Besucher,

wir möchten, dass Sie zufrieden sind. Aus diesem Grund führen wir heute in unserem Haus eine Publikumsbefragung zu unseren Service-Angeboten durch. Mit Ihrer Teilnahme an der Befragung, die nicht mehr als zehn Minuten beansprucht, würden Sie uns sehr weiterhelfen. Bei allen Fragen geht es um Ihre ganz persönliche Meinung. Sollten Sie eine Frage nicht beantworten können oder wollen, fahren Sie bitte mit der nächsten Frage fort. Selbstverständlich werden Sie nicht nach Ihrem Namen gefragt. Für Rückfragen und weiterführende Informationen steht Ihnen unser Personal am Informationsstand gerne zur Verfügung.

Für Ihre Unterstützung danken wir Ihnen herzlich!

Um zur Teilnahme an der Befragung zu motivieren, ist darüber hinaus eine für die Teilnehmer interessante bzw. ansprechende Einstiegsfrage – eine sogenannte Eisbrecherfrage – zu stellen (vgl. Diekmann 2012, S. 483 f.). In jedem Fall zu vermeiden sind schwierige Fragen sowie Fragen mit negativer Ausstrahlung (zum Beispiel *Womit sind Sie unzufrieden?*). Als Einstieg ungeeignet sind außerdem soziodemografische Fragen, da diese von den Untersuchungsteilnehmern häufig als neugierig empfunden werden und für sie zudem auch nicht interessant sind. Fragen nach Alter, Geschlecht, Ausbildung etc. sollten immer am Ende des Fragebogens stehen (vgl. Diekmann 2012, S. 484 f.).

Beim Gesamtaufbau des Fragebogens ist zu beachten, dass es bei den Befragten eine Spannungskurve der Aufmerksamkeit gibt. So steigt die Aufmerksamkeit zu

Beginn an und nimmt mit zunehmender Fragedauer wieder ab (vgl. Diekmann 2012, S. 484). Aus diesem Grund sollten die wichtigsten Fragen im zweiten Drittel des Fragebogens gestellt werden.

Bedacht werden sollte ferner, dass Fragen mitunter auf andere Fragen ausstrahlen und deren Beantwortung verzerren können. Man spricht in diesem Fall von einem sogenannten Halo- oder Fragereiheneffekt. Beispielsweise muss damit gerechnet werden, dass die Frage nach der Zufriedenheit mit dem Programmangebot die Antwort auf die Folgefrage zur Bereitschaft für ein ehrenamtliches Engagement in der betreffenden Kultureinrichtung beeinflusst.

Gegebenenfalls ist es hinsichtlich des Fragebogenaufbaus auch sinnvoll, bei der Reihenfolge der Fragen eine Trichterung vorzunehmen und zunächst mit eher allgemeinen Fragen zu beginnen und im weiteren Verlauf auf spezielle Einzelprobleme zu sprechen zu kommen. Nicht vergessen sollte man dabei die Bündelung der Fragen nach Themen. Zur Vermeidung von Antworthemmungen oder Antwortverweigerungen sind schwierige und unangenehme Fragen (wie zum Beispiel nach dem Einkommen) gegen Ende des Fragebogens zu platzieren. Sollte es zu einem Abbruch der Befragung kommen, sind auf diese Weise auf jeden Fall die bis dahin gegebenen Antworten verwertbar.

Ein allgemeiner Richtwert zur möglichen Länge von Befragungen kann nicht gegeben werden. Grundsätzlich hängt die zumutbare Befragungsdauer vom Grad des Interesses des Befragten sowie von der Befragungssituation ab. In der empirischen Sozialforschung sind Fragebogenerhebungen von 30 Minuten bis 1½ Stunden keine Seltenheit (vgl. Diekmann 2012, S. 485). Qualitative Befragungen können unter Umständen auch mehrere Stunden oder sogar mehrere Tage dauern. Da bei Kulturveranstaltungen das Zeitfenster zwischen dem Eintreffen der Besucher am Veranstaltungsort und dem Beginn der Vorstellung sehr klein und auch die Pause meist recht kurz ist, sollte eine Publikumsbefragung in diesem Rahmen auf keinen Fall mehr als zehn bis maximal fünfzehn Minuten beanspruchen.

Schließlich werden noch einige Hinweise zur Gestaltung des Fragebogens gegeben. Zunächst sollte man sich bewusst sein, dass die Teilnahmebereitschaft an einer Befragung auch davon abhängt, ob ein Fragebogen ein ansprechendes Design hat. Obgleich ein guter optischer Gesamteindruck und eine entsprechende Sorgfalt bei der grafischen Gestaltung eine Selbstverständlichkeit sein sollte, wird diesem Aspekt in der Praxis häufig wenig bis keine Beachtung geschenkt. Aus Gründen der Lesbarkeit – insbesondere in schwächer beleuchteten Foyers und Veranstaltungssälen – muss der Fragebogen außerdem vom Format her eher großzügig anlegt sein und eine ausreichend große Schrifttype haben. Im Falle von Erhebungen, bei denen der Interviewer die Antworten des Befragten in einen Fragebogen einträgt, muss zudem deutlich unterschieden werden zwischen Anweisungen für den Interviewer, den Fragetext und den vorgegebenen Antwortkategorien.

Telefonische Befragungen

Auch wenn die Möglichkeit der telefonischen Befragung in der Publikumsforschung eher selten genutzt wird, bieten sich doch eine Reihe interessanter Anwendungsmöglichkeiten. Gleichwohl muss aber auch vorausgeschickt werden, dass der Einsatz telefonischer Befragungen von bestimmten Voraussetzungen abhängt und mit nicht zu unterschätzenden Herausforderungen verbunden sein kann.

Für Erhebungen durch oder im Auftrag von Kultureinrichtungen kommt diese Befragungsform insbesondere in Betracht, wenn eine spezielle, klar definierte Teilgruppe untersucht werden soll, die eine gewisse Bindung an die Kulturinstitution hat und deren telefonischen Kontaktdaten vollständig zur Verfügung stehen. Als Beispiel kann eine Studie zur Rückgewinnung ehemaliger Theaterbesucher im Auftrag des Stadttheaters Ulm (Bugar 2003) angeführt werden. Im Rahmen einer Kündigungsgrundanalyse sollten alle 403 Personen, die zur nächsten Spielzeit ihr Abonnement gekündigt hatten, telefonisch kontaktiert und befragt werden. Erreicht wurde ein Anteil von knapp 64 Prozent (Bugar 2003, S. 34). Weitere Beispiele für mögliche Einsatzgebiete sind Befragungen unter Mitgliedern von (Förder-)vereinen oder unter registrierten Kursteilnehmern (zum Beispiel bei Musik- und Volkshochschulkursen).

Anwendung finden telefonische Befragungen in der Publikumsforschung ferner, wenn allgemeine Bevölkerungsumfragen zum Kulturinteresse und zur Nutzung von Kulturangeboten gemacht oder wenn die Gruppe der Nicht-Besucher hinsichtlich ihrer Nutzungsbarrieren einer genaueren Betrachtung unterzogen werden sollen. Beispielhaft genannt sei hier die Studie „Auswertung und Analyse der repräsentativen Befragung von Nichtbesuchern deutscher Theater" im Auftrag des Deutschen Bühnenvereins (2003), bei der 1007 Personen im Alter von 16 bis 29 Jahren telefonisch über ihre Einstellungen zum Theater, zum Image des Theaters sowie zu ihren Freizeitinteressen und ihrem Freizeitverhalten befragt wurden (Deutscher Bühnenverein 2003, S. 2).

Anders als bei den zuerst genannten Einsatzmöglichkeiten gestaltet sich bei entsprechenden Bevölkerungsumfragen – beziehen diese sich nun auf die Kulturnutzung in Deutschland oder „lediglich" auf die Einwohner einer Kommune beispielsweise im Zuge einer Kulturentwicklungsplanung – die Ziehung von Stichproben erheblich schwieriger (vgl. Kapitel 8). Während in der Vergangenheit Stichproben aus Telefonbüchern oder aus Telefonverzeichnissen auf CD gezogen werden konnten, ist dies heute nicht mehr ohne weiteres möglich. Die Gründe liegen zum einen in der Zunahme der Zahl von Personen mit mehreren Festnetzanschlüssen, zum anderen in der Ausweitung von Mobilfunkanschlüssen, die nur selten in Telefonverzeichnissen zu finden sind (Scholl 2009, S. 40). Einen Ausweg bieten sogenannte Zufalls-Ziffern-Anwahlen (Random-Digit-Dialing), bei denen Telefonnummern zufällig durch einen Computer generiert werden (Scholl 2009, S. 41). Beachtet werden muss außerdem, dass auf diese Weise nur *Haushalte* per Zufall ausgewählt werden. Deshalb muss für personenrepräsentative Untersuchungen in einem zweiten Schritt auch die *Zielperson* im Haushalt zufällig ausgesucht werden (vgl. Diekmann 2012, S. 507).[21] Da für entsprechende Verfahren ein großes Expertenwissen notwendig ist,[22] sollten sie nur mit Unterstützung professioneller Markt- bzw. Meinungsforschungsinstitute in Erwägung gezogen werden.

Darüber hinaus bieten telefonische Befragungen aber auch noch eine Reihe weiterer Vor- und Nachteile, die zu berücksichtigen sind.[23] Zu den Vorteilen zählen u. a. eine erhöhte Erreichbarkeit der Befragungspersonen, eine schnelle Verarbeitung der erhaltenen Daten (da die Interviewer diese direkt in das Auswertungsprogramm eingeben können) sowie ein relativ rascher Ersatz für Ausfälle (vgl. Atteslander 2010, S. 158). Zudem sind die Kosten in der Regel geringer als bei persönlichen Interviews, bei denen die Befragten dezentral aufgesucht werden müssen (vgl. Scholl 2009, S. 42). Kein großer Kostenvorteil dürfte sich jedoch gegenüber der persönlichen Befragung von Personen vor Ort in der Kulturinstitution ergeben. Vorteilhaft gegenüber persönlichen Interviews ist nach Diekmann ferner, dass die Datenqualität gleich hoch oder höher ist, dass die Anonymität größer ist und dass Merkmale der Interviewer eine geringere Rolle spielen (Diekmann 2012, S. 513).

An dieser Stelle ergeben sich aber auch Nachteile, hat der Interviewer am Telefon doch auch „nur eingeschränkte Möglichkeiten, den Befragten zur Teilnahme zu motivieren oder eine persönliche Beziehung aufzubauen" (Scholl 2009, S. 43). Aus diesem Grund sind der Begrüßung und Ansprache der Befragten, der Einführung in das Interview sowie der ersten Fragen eine besondere Beachtung zu schenken (vgl. Frey et al. 1990, S. 119 ff. und Schnell et al. 2013, S. 360 ff.). Ein weiterer Nachteil ist die erschwerte Kontrolle der Interviewsituation (vgl. Atteslander 2010, S. 158 f.). Als Interviewer kann man sich nicht sicher sein, ob die antwortende Person tat-

---

21 Mögliche Vorgehensweisen sind zu finden bei Frey et al. (1990, S. 75 ff.) und Schnell et al. (2013, S. 357 f.).
22 Vgl. zum Beispiel auch die Hinweise zum Gabler-Häder-Design (Häder und Glemser 2006, S. 155 ff.). Hinzu kommt, dass eine größere Untersuchung mit mehreren Hundert Befragten in der Regel von einer Kultureinrichtung ohne Telefonlabor und ohne geschulte Mitarbeiter kaum zu bewältigen ist.
23 Ausführliche Hintergrundinformationen und methodische Hinweise zu Telefonumfragen sind zu finden bei Frey et al. (1990). Speziell der Telefonbefragung über das Mobilfunknetz widmen sich Häder und Häder (2009).

sächlich der- oder diejenige ist, die man befragen wollte. Nachteilig ist schließlich auch, dass der Fragebogen relativ einfach gestaltet sein muss und beispielsweise optische Skalen und visuelle Hilfsmittel (wie Bildblätter) nicht eingesetzt werden können (Scholl 2009, S. 43). Problematisch ist auch die Anwendung von Rankings, vor allem, wenn eine größere Anzahl an Items in eine persönliche Rangfolge gebracht werden müssen (vgl. Diekmann 2012, S. 508).

Computerunterstützte Befragungen

Unter computerunterstützten Befragungen werden hier Verfahren verstanden, bei denen die Befragten einen am Bildschirm präsentierten Fragebogen selbstständig ausfüllen – entweder durch Antworteingabe über die Tastatur oder über einen Touch-Screen. Man spricht auch von rechnergestützten Selbstinterviews bzw. computer-assisted self-interviews (CASI).[24] Eingesetzt werden können entsprechende Befragungsformen sowohl *online* über das Internet als auch *offline*, zum Beispiel über die Mitnahme eines Tablets zu den Befragten oder über stationäre Befragungscomputer in Foyers von Museen oder Kulturzentren. Beispielhaft für die zuletzt genannte Vorgehensweise ist eine Studie zum Einfluss des Lebensstils auf die Bibliotheksnutzung (Szlatki 2008, 2009). Für die Befragung wurde u. a. ein digitaler Fragebogen (auf Basis des Datenbankprogramms Microsoft Access) entwickelt, der von den Besuchern an drei Computern in der Bücherei selbstständig ausgefüllt werden konnte (vgl. Abbildung 4.5). Der Vorteil solcher „*offline*-Befragungen" besteht zum einen darin, dass Interviewer-Effekte weitgehend ausgeschlossen werden (vgl. Müller 2003). Zum anderen entfällt die mühsame Dateneingabe.

Besonders interessant ist der Einsatz des Computers als Befragungsinstrument im Kunst- und Kulturbereich aber vor allem durch die multimedialen Funktionen: Durch den Einbezug von Bildern, Texten, Audio- und Videosequenzen – zum Beispiel aus Inszenierungen etc. – können völlig neue Wege in der Erforschung von Kulturgeschmack, Kulturrezeption oder ästhetischen Entscheidungsprozessen gegangen werden (vgl. Müller 2001 und 2002; Zerback et al. 2009, S. 26). Neben der eigentlichen Befragung können außerdem experimentelle Designs angelegt und Beobachtungen „behind the screen" durchgeführt werden, beispielsweise durch die Messung von Antwortzeiten (Müller 2001, S. 119). Ein Nachteil kann jedoch sein, dass Personen ohne Computererfahrungen eher ihre Teilnahme an einer Befragung verweigern, auch wenn diese nicht vorausgesetzt werden. Darüber hinaus sind aber

---

24 Darüber hinaus gibt es noch eine Vielzahl weiterer computerunterstützter Befragungsverfahren, bei denen während der Befragung die Daten durch den Interviewer in den Computer eingegeben werden (vgl. Scholl 2009, S. 49 f.).

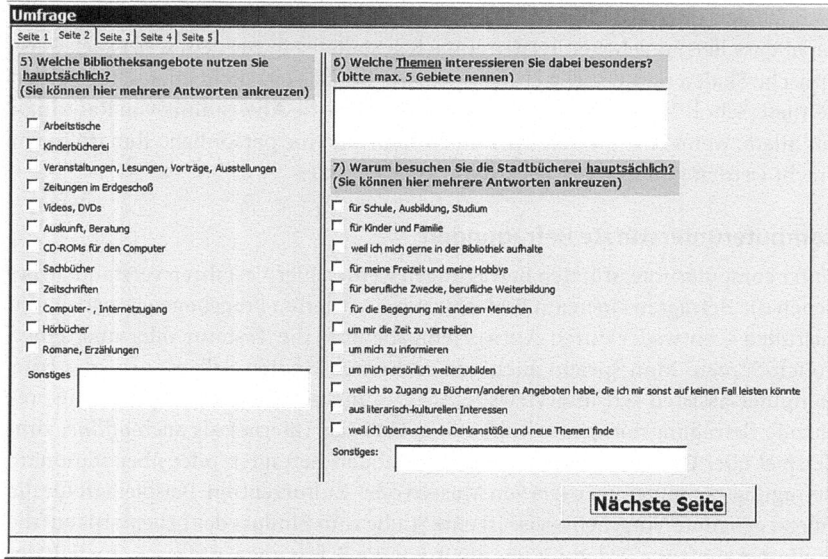

Abb. 4.5 Auszug aus Computerfragebogen (Szlatki 2008)

natürlich entsprechende technische Grundkompetenzen auf Seiten der Untersuchungsplaner und des Interviewpersonals unverzichtbar.

Ein exemplarisches Bild über die vielfältigen Möglichkeiten der Methode vermittelt die Untersuchung „"What difference does it make?' Die empirische Ästhetik von The Smiths: Eine audiovisuelle Studie zur sozialen Bedeutung des Musikgeschmacks" (Müller et al. 2006). Mit Hilfe eines computerunterstützten audiovisuellen Fragebogens wird das Umgehen junger Erwachsener mit der Ästhetik von „The Smiths"[25] untersucht,

> „indem ihre ästhetischen Urteile und audiovisuellen Präferenzen, teilweise in enger Verbindung mit der Präsentation musikalischen bzw. audiovisuellen Materials, erfragt werden. Musikalische Erfahrungen und Einstellungen werden ebenso erhoben wie die Zuschreibung von Bedeutung und Attraktivität an Klängen und Images sowie tatsächliche ästhetische Entscheidungen, beispielsweise einen bestimmten Smiths-Song zu hören oder ein bestimmtes Smiths-Video noch einmal zu sehen" (Müller et al. 2006, S. 3).

---

25 „The Smiths" waren eine britische Independent-Band (1982 bis 1987), die als Wegbereiter des „Brit-Pop" gilt.

4.2 Formen der Befragung

Die bisher genannten Vor- und Nachteile treffen auch auf computerunterstützte Befragungen zu, die *online* durchgeführt werden. Grob unterscheiden kann man hier zwischen Fragebögen, die über E-Mail versandt werden, und Fragebögen, die auf einer Website zur Verfügung gestellt werden.[26] Obgleich sich Online-Befragungen in der Markt- und Sozialforschung inzwischen einer großen Beliebtheit erfreuen (vgl. Welker 2014a, S. 24, Taddicken/Batinic 2014, S. 152), sind die methodischen Herausforderungen nach wie vor nicht zu unterschätzen.

Wie auch schon bei der telefonischen Befragung stellt insbesondere die Ziehung einer Stichprobe eine besondere Schwierigkeit dar (vgl. Kapitel 8). Auf keinen Fall sollte eine Kultureinrichtung einfach einen Fragebogen auf ihre Website stellen und unkontrolliert zu einer Teilnahme auffordern, da nicht davon auszugehen ist, dass alle Besucher der Kultureinrichtung auch die Website kennen bzw. diese nutzen. Trotz der allgemein stetig zunehmenden Verbreitung des Internets waren im Jahr 2017 nur 72,2 Prozent der ab 14-Jährigen täglich online. Von knapp 10 Prozent der Bevölkerung wird das Internet so gut wie gar nicht genutzt und es bestehen nach wie vor altersspezifische Unterschiede (vgl. Koch und Frees 2017, S. 435 f.). Damit besteht die Gefahr, dass bestimmte Personengruppen unter den Befragungsteilnehmern unterrepräsentiert sind und es zu verzerrten Ergebnissen kommt.[27] Aufgrund dieser Schwierigkeiten dürften auch kulturspezifische Bevölkerungsumfragen über das Internet vorerst keine praktikable Option sein.

Gleichwohl heißt das nicht, dass sich im Bereich der Publikumsforschung überhaupt keine Möglichkeiten für Online-Befragungen ergeben. Geeignet sind sie „besonders für spezielle Populationen mit Internetzugang, für die eine Liste der E-Mail-Adressen existiert und die für den Versand der Fragebogen verwendet werden darf" (Diekmann 2012, S. 528). Denkbar ist auch der Versand von E-Mails mit dem Hinweis auf die Website, auf der man sich unter Verwendung eines Passwortes für die Online-Umfrage einloggen kann. Anwendungsbeispiele wären die Befragung von Stammbesuchern, die an einem Bonusprogramm teilnehmen und hierzu ihre Meinung abgeben sollen, oder eine Umfrage unter Abonnenten eines E-Mail-Newsletters, der zu bewerten ist.

Bei der Formulierung von Fragen und Antworten eines Online-Fragebogens sind grundsätzlich die gleichen Regeln zu beachten, wie bei herkömmlichen Papier-und-Bleistift-Fragebögen. Aufgrund der medialen Besonderheiten müssen

---

26 Für weiterführende Differenzierungen sei zusammenfassend verwiesen auf Diekmann (2012, S. 524 f.).

27 Ausführliche Überlegungen und Hinweise zur Stichprobenbildung bei Online-Befragungen sind beispielsweise zu finden bei Baur und Florian (2009), Maurer und Jandura (2009) sowie Zerback und Maurer (2014).

darüber hinaus aber auch u. a. folgende Punkte berücksichtigt werden (vgl. zum Beispiel Diekmann 2012, S. 529 ff.; Kuckartz et al. 2009, S. 32-50; Maurer und Jandura 2009, S. 67 ff.):

- Um die Wahrscheinlichkeit eines Abbruchs zu reduzieren, dürfen die Einleitungs- und Fragetexte nicht zu lang sein. Außerdem sollte es eine Fortschrittsanzeige geben, der zu entnehmen ist, an welcher Stelle im Fragebogen man sich gerade befindet (zum Beispiel „Sie haben bisher 40 Prozent des Fragebogens beantwortet.").
- Der Fragebogen sollte durch eine klare Kennzeichnung von Fragen, Antworten und Instruktionen, durch gut lesbare Schriftarten sowie durch eindeutige Kontraste übersichtlich gestaltet sein.
- Multimedia-Elemente sollten nur eingesetzt werden, wenn es das Erkenntnisinteresse erfordert. Eine Überladung mit Grafiken, Animationen oder Sound ist zu vermeiden.
- Es ist darauf zu achten, dass der Fragebogen in unterschiedlichen Internet-Browsern gleich aussieht.
- An die zu befragende Zielgruppe sollten möglichst wenig technische Anforderungen gestellt werden (zum Beispiel keine Anwendung von Tastenkombinationen etc.).
- Es sollte auf die Scroll-Funktion verzichtet werden, damit die Teilnehmer keine Fragen und Antwortoptionen übersehen.

Hilfreiche Überlegungen und Ratschläge zur Erstellung von Online-Fragebögen sowie zur Vorbereitung und Umsetzung der Erhebung sind zu finden bei Kuckartz et al. (2009) und Welker et al. (2014). Ferner sei darauf hingewiesen, dass es in diesem Bereich inzwischen eine Vielzahl an Software-Angeboten gibt. Eine umfassende Übersicht mit weiterführenden Literaturhinweisen und Links zum Thema bietet das Internetportal WebSurveyMethodology (WebSM) des „Centre for Social Informatics at the Faculty of Social Sciences" an der Universität Ljubljana/Slovenien.[28]

Qualitative Interviews

Wie bereits in Kapitel 2.5 ausgeführt wurde, sind qualitative Methoden besonders geeignet, um sich einem Untersuchungsgegenstand explorativ anzunähern oder ein vertieftes Verständnis über wenige Einzelfälle zu gewinnen. Hieraus ergibt sich als Konsequenz die Notwendigkeit eines nicht standardisierten, flexiblen und besonders empathischen Vorgehens des Forschers, das es den zu untersuchenden

---

28 Vgl.: http://www.websm.org (Abruf: 6. März 2018)

4.2 Formen der Befragung

Personen erlaubt, ihre ganz persönliche subjektive Sicht in Bezug auf die Fragestellung darzulegen, zu erläutern und in weiterführende Zusammenhänge zu stellen.²⁹

Um diesem Anspruch der Offenheit gerecht zu werden, sind bei der Vorbereitung und Gestaltung qualitativer Interviews eine Reihe methodisch-technischer Aspekte zu beachten (vgl. zum Folgenden Lamnek und Krell 2016, S. 333 ff.):

- Standardisierung der Fragen: Die Formulierung der Fragen ist nicht vorab festgelegt. Angestrebt wird eine Bedeutungsgleichheit der Fragen, indem der jeweilige Inhalt der Frage in das Vokabular des vom Befragten praktizierten Sprachcodes übersetzt wird.
- Standardisierung des Verlaufs: Auch die Reihenfolge der Fragen ist nicht festgelegt. Entweder wird dem Befragten eine Art Grundreiz präsentiert, „auf den dieser mit einer möglichst ausführlichen Erzählung reagieren soll [...] oder aber dem Interviewer wird ein Leitfaden an die Hand gegeben, in dem die wichtigsten anzusprechenden Fragen und Themenkomplexe [...] stichpunktartig festgehalten sind" (Lamnek und Krell 2016, S. 333). Wann welche Frage gestellt wird, ergibt sich aus dem Gespräch.
- Offenheit: Die Fragen werden offen und ohne vorgegebene Antwortkategorien gestellt. Ziel ist es, eine Prädetermination durch den Forscher so weit wie möglich zu vermeiden und auf diese Weise auch unerwartete Informationen zu gewinnen.
- Gestaltung der Situation: Um authentische Informationen zu erhalten, sollte die Befragungsatmosphäre vertraulich und entspannt sein. Darüber hinaus sollte ein neutraler bis weicher Interviewstil angewendet werden.
- Protokollierung: Aufgrund der Vielzahl an Informationen empfiehlt es sich, das Interview auf Computer, MiniDisc o. ä. aufzuzeichnen und im Anschluss zu transkribieren.
- Interviewdauer: Anders als bei Fragebogenerhebungen ist die Dauer qualitativer Interviews nur sehr schwer abzuschätzen. Wie bereits angedeutet, gibt es keine Richtwerte zur zumutbaren Dauer qualitativer Befragungen, da diese stark von den zu untersuchenden Personen und der Fragestellung abhängig ist.
- Notwendige Kompetenzen: Qualitative Interviews erfordern von den Befragten ein erhöhtes Maß an intellektueller und kommunikativer Kompetenz, da die Antworten verbalisiert und nachvollziehbar artikuliert werden müssen. Beim Interviewer ist eine besondere Vertrautheit mit dem Untersuchungsgegenstand unverzichtbar, da er sich während des Gesprächs nur auf einen Leitfaden stützt. Darüber hinaus muss er in der Lage sein, das Thema in Fragen umzusetzen und den Befragten zum Sprechen zu motivieren.

---

29 Vgl. zur Methodologie qualitativer Interviews Lamnek und Krell (2016, S. 328 ff.).

- Verhältnis der Interviewpartner: Der Interviewer bleibt in der Regel passiv und lässt den Befragten erzählen, bis dieser zu dem Thema nichts mehr zu sagen hat. Erst dann wird vom Interviewer mit einer weiteren Frage oder einem neuen Stimulus fortgefahren.

- Kontakt: Die Kontakte zu den Befragten werden in der Regel durch bereits vorhandene Verbindungen zu Organisationen und Privatpersonen hergestellt.

In der qualitativen Sozialforschung steht eine Vielzahl verschiedenster Interviewformen zur Verfügung (vgl. Lamnek und Krell 2016, S. 338-362; Hopf 2007; Bogner et al. 2009), wobei nur wenige dieser Methoden bisher in der Kulturpublikumsforschung Anwendung gefunden haben. Hier wird auf der einen Seite wiederum deutlich, wie sehr nach wie vor die (Grundlagen-)Forschung zum Kulturpublikum und zur Kulturrezeption verglichen mit der Medienforschung in den Anfängen steckt (vgl. Glogner und Rhein 2005). Auf der anderen Seite muss aber auch berücksichtigt werden, dass viele dieser Methoden für die angewandte Besucherforschung kaum geeignet sind bzw. in keinem vertretbaren Verhältnis von Aufwand und praktischem Nutzen stehen. An dieser Stelle werden deshalb lediglich das problemzentrierte Interview (Witzel 1985) und das narrative Interview (Schütze 1977) vorgestellt.

Unter dem Begriff des problemzentrierten Interviews werden alle Formen der offenen, halbstandardisierten Befragung zusammengefasst. Kennzeichnend für das problemzentrierte Interview ist, dass die Befragten frei zu Wort kommen und ein offenes Gespräch geführt wird (vgl. Mayring 2016, S. 67). „Es ist aber zentriert auf eine bestimmte Problemstellung [zum Beispiel Motive für einen Theaterbesuch, Benutzerfreundlichkeit der Internetseiten einer Kultureinrichtung; P. G.], die der Interviewer einführt, auf die er immer wieder zurückkommt. Die Problemstellung wurde vom Interviewer bereits vorher analysiert; er hat bestimmte Aspekte erarbeitet, die in einem Interviewleitfaden zusammengestellt sind und im Gesprächsverlauf von ihm angesprochen werden" (Mayring 2016, S. 67).

Im Interviewleitfaden werden die einzelnen Themen des Gesprächs in einer vernünftigen Reihenfolge und mit Formulierungsvorschlägen (sowie ggf. mit Formulierungsalternativen) festgehalten (Mayring 2016, S. 69). Daraufhin werden in einem nächsten Schritt Probeinterviews durchgeführt, die zum einem als Leitfadentest, die zum anderen als Interviewerschulung dienen. Die Interviews bestehen aus folgenden Teilen (vgl. auch Abbildung 4.6):

- *„Sondierungsfragen* sind ganz allgemein gehaltene Einstiegsfragen in eine Thematik. Dabei soll eruiert werden, ob das Thema für den Einzelnen überhaupt wichtig ist, welche subjektive Bedeutung es für ihn besitzt.

4.2 Formen der Befragung

- *Leitfadenfragen* sind diejenigen Themenaspekte, die als wesentlichste Fragestellungen im Interviewleitfaden festgehalten sind.
- Darüber hinaus wird das Interview immer wieder auf Aspekte stoßen, die im Leitfaden nicht verzeichnet sind. Wenn sie für die Themenstellung oder für die Erhaltung des Gesprächsfadens bedeutsam sind, wird der Interviewer hier spontan *Ad-hoc-Fragen* formulieren" (Mayring 2016, S. 70).

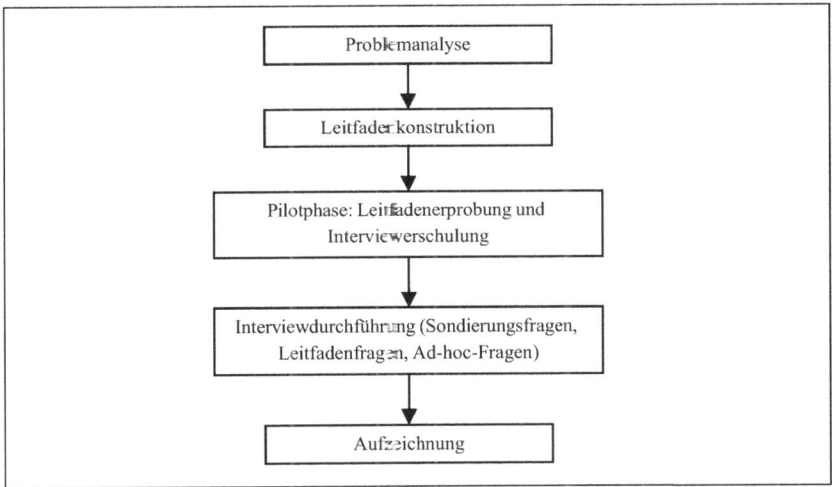

Abb. 4.6 Ablaufmodell des problemzentrierten Interviews (Mayring 2016, S. 71)

Ein anschauliches Beispiel[30] für den Einsatz entsprechender Leitfadeninterviews ist zu finden in der Studie „Kinobesuch im Lebenslauf" (Prommer 1999), die der grundlegenden Forschungsfrage nachgeht, ob es typische Gemeinsamkeiten im Lebenslauf gibt, die eine bestimmte Kinonutzung hervorrufen (Prommer 2017, S. 251). Die Methode des Leitfadeninterviews gewährleistete auf der einen Seite eine Vergleichbarkeit der Ergebnisse. Auf der anderen Seite wurde aber auch Offenheit für individuelle Erzählungen geschaffen. Interviewt wurden insgesamt 96 Personen:

> „Der Leitfaden orientierte sich an den Lebensphasen der Befragten. So sollten sie über ihre Kinonutzung während der Kindheit, der Teenagerzeit und der Erwachsenenzeit

---

30 Ausführlich dokumentierte Beispiele für Leitfadeninterviews sind auch zu finden bei Gebhardt und Zingerle (1998), Glogner (2006) sowie Pröbstle (2014).

erzählen. Die Einteilung dieser Lebensphasen wurde an jeden Befragten individuell angepasst, wodurch auch individuelle Brüche im Lebenslauf berücksichtigt wurden. [...] Nach der Einstiegs- bzw. Warm-up-Frage: ‚Wann waren Sie das letzte Mal im Kino?' wurden die Probanden gebeten, ihr Leben selbst in Phasen einzuteilen. Folgende Aspekte sollten die Interviews beinhalten: Wann wurde ins Kino gegangen? Warum? Mit wem? Welche Filme wurden angeschaut? Wer hat die Filme ausgesucht? Haben die Filme gefallen? Gab es Rituale, wie etwa immer die gleichen Sitzplätze? Waren die Filmstars wichtig? Wie informierte man sich über das Programm? Welche Erinnerungen werden mit Kinobesuchen verknüpft? Zu diesen kinobezogenen Informationen sollten die Befragten auch über ihre damalige Lebenssituation berichten: Wo wurde gelebt? Gab es Geschwister? Welche Berufe übten die Eltern aus? Welche Medien gab es im Haushalt? Wie war die materielle Situation? Wie wurde die Zukunft eingeschätzt? Welchen Beruf wollte man ergreifen? Wie verlief der typische Alltag und wie das typische Wochenende?" (Prommer 2017, S. 251 f.)

Problemzentrierte Leitfadeninterviews sind jedoch nicht nur im Rahmen solcher umfassenden Forschungsprojekte möglich, auch in der anwendungsorientierten Publikumsforschung kann ihr Einsatz durchaus sinnvoll sein. Möchte zum Beispiel ein Museum herausfinden, ob die neu entwickelten Erläuterungstexte zu den Ausstellungsobjekten verständlich und ansprechend formuliert sind, können vertiefende Leitfadeninterviews mit einer kleinen Auswahl an Besuchern – denen damit auch Erklärungs- und Begründungsmöglichkeiten gegeben werden – sicherlich eine Vielzahl aufschlussreicher Erkenntnisse zu Tage fördern. Leitfadeninterviews bieten sich außerdem bei sogenannten Experteninterviews an, wobei hier Experten als Quelle von Spezialwissen über zu erforschende Sachverhalte verstanden werden (Gläser und Laudel 2009, S. 12). Bislang kamen Experteninterviews bei Besucherstudien zwar kaum zum Einsatz, obgleich sie durchaus interessante Einblicke liefern können. Hinsichtlich der Frage, welches Image ein soziokulturelles Zentrum bei den Jugendlichen einer Kommune hat, wäre es beispielsweise denkbar, anstelle der Jugendlichen eine Reihe ausgewählter Lehrer und Sozialpädagogen als Experten zu befragen.

Deutlich weniger standardisiert als das problemzentrierte Interview ist das narrative Interview, das auf Schütze (1977) zurückgeht (vgl. Abbildung 4.7). Diese Interviewform hat bislang in der Kulturpublikumsforschung kaum eine Rolle gespielt. Gleichwohl soll das narrative Interview zumindest kurz skizziert werden, da es in der qualitativen Sozialforschung eine relativ große Beachtung erfährt (vgl. Lamnek und Krell 2016, S. 338 ff.; Flick 2012). Die Grundidee dieser Interviewform ist, dass sich im freien Erzählen über bestimmte Themen, über typische Ereignisse und Geschehensabläufe oder über Schlüsselerlebnisse subjektive Bedeutungsstrukturen herausarbeiten lassen, die ein systematisches Abfragen nicht erschließen würde (vgl. Mayring 2016, S. 72). „Die Strukturierung des Gesprächs geschieht durch

4.2 Formen der Befragung

den universellen Ablaufplan von Erzählungen, den der Interviewer unterstützt" (Mayring 2016, S. 73). Folgende Phasen lassen sich unterscheiden:

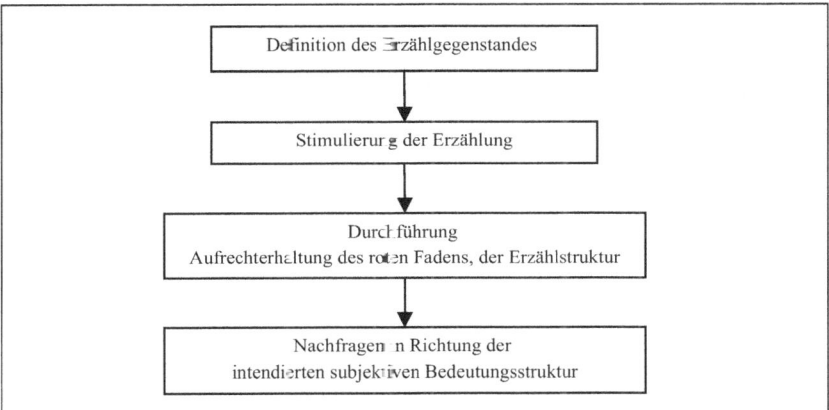

Abb. 4.7 Ablaufmodell des narrativen Interviews (Mayring 2016, S. 75)

Durch den sehr offenen Charakter dieser Interviewform und dem Ziel, subjektive Sinnstrukturen herauszuarbeiten, kann in der Regel nur mit sehr kleinen Fallzahlen gearbeitet werden. Interessant ist diese Interviewform vor allem für Fragestellungen, die weitestgehend unerforscht sind. Ein Beispiel für einen Untersuchungsbereich wäre die in kulturpolitischen Kontexten oft behauptete, aber kaum empirisch untersuchte Bedeutung von Kultur für die Identitäts- und Persönlichkeitsbildung der Rezipienten (vgl. Glogner-Pilz und Föhl 2016b, S. 22 f.).

Gruppendiskussionen

Im Unterschied zu den bisher dargestellten Erhebungsformen, bei denen Einzelpersonen im Zentrum der Aufmerksamkeit stehen, ist die Gruppendiskussion eine Methode „die Daten durch die Interaktion der Gruppenmitglieder gewinnt, wobei die Thematik durch das Interesse des Forschers bestimmt wird" (Lamnek 2005, S. 27). Die Ziele einer Gruppendiskussion können sehr vielfältig sein. Untersuchungsgegenstände sind zum Beispiel

- die Meinungen und Einstellungen der einzelnen Gruppendiskussionsteilnehmer,
- die Meinungen und Einstellungen der ganzen Gruppe,

- die Ermittlung öffentlicher Meinungen und Einstellungen,
- die Bewusstseinsstrukturen, die den Meinungen und Einstellungen der Teilnehmer zugrunde liegen, oder
- die Gruppenprozesse, die zu einer bestimmten individuellen Position oder Gruppenmeinung führen (Lamnek und Krell 2016, S. 388 f.).

Im Kontext der Publikumsforschung dürften jedoch weniger die zuletzt genannten Gruppenprozesse als vielmehr inhaltliche und thematische Fragestellungen von Interesse sein. Ein besonderer Vorteil der Methode wird in der Annahme gesehen, dass Einstellungen und Meinungen stark an soziale Zusammenhänge gebunden sind und deshalb auch am besten in sozialen Situationen erhoben werden können: Nach Mayring zeigen die Erfahrungen, „dass in gut geführten Gruppendiskussionen Rationalisierungen, psychische Sperren durchbrochen werden können und die Beteiligten dann die Einstellungen offenlegen, die auch im Alltag ihr Denken, Fühlen und Handeln bestimmen" (Mayring 2016, S. 77).

Entsprechend interessant dürften Gruppendiskussionen deshalb zum Beispiel für die Untersuchung von Vorurteilen gegenüber Kulturinstitutionen oder gegenüber bestimmten Publikumsgruppen sein. Vielfältige weitere Anwendungsmöglichkeiten finden sich aber beispielsweise auch in der kommerziellen Marktforschung (vgl. Lamnek 2005, S. 67) und in der Erforschung von Besuchsmotiven (vgl. für den Theaterbereich zum Beispiel Tauchnitz 2004 und Wickert 2006).

Sinnvoll ist der Einsatz von Gruppendiskussionen ferner im Rahmen (wissenschaftlich begleiteter) kulturpolitischer Meinungsbildungs- und Entscheidungsprozesse, wie zum Beispiel bei der Formulierung eines kommunalen Kulturleitbildes, bei der Vorbereitung einer regionalen Kooperation oder bei der Entwicklung einer städtischen Kulturentwicklungsplanung.[31] Gerade in einer frühen Phase solcher Projekte kann es sinnvoll sein, die Bürger und/oder das Publikum über das methodische Instrument der Gruppendiskussionen einzubeziehen, um systematisch Einstellungen, Befürchtungen und Erwartungen zu ermitteln und damit mögliche

---

31 In diesem Zusammenhang soll auch das sogenannte „Deliberative Polling®" erwähnt werden (Fishkin 1991; Hansen 2004). Hierbei wird eine Stichprobe aus der Bevölkerung zunächst auf breiter Basis zu einem geplanten Vorhaben – zum Beispiel ein neues kommunales Kulturleitbild – befragt. Dann wird mit Personen aus dieser Stichprobe ein Wochenend-Workshop durchgeführt, in dessen Rahmen ausführlich über die Planungen bzw. Ziele informiert wird und Möglichkeiten zur Diskussion mit Experten bestehen. Nach der Veröffentlichung der Workshop-Ergebnisse in den lokalen Medien wird die ausgewählte Stichprobe erneut befragt, um zu ermitteln, ob und wie sich die öffentliche Meinung zu dem Vorhaben geändert hat (Fishkin o. J.).

4.2 Formen der Befragung

Chancen und Risiken für die weiteren Planungen zuverlässig einschätzen zu können (vgl. Glogner 2009, S. 132).

Als ein weiterer Vorteil wird außerdem oftmals angeführt, der zeitliche, personelle und finanzielle Aufwand sei vergleichsweise gering. Auch wenn dies für die konkrete Erhebungsphase zutreffen mag, muss aber bedacht werden, dass die Auswertung in der Regel weitaus komplexer ist als beispielsweise bei Einzelinterviews (vgl. Lamnek und Krell 2016, S. 396). Die verschiedenen Phasen im Ablauf eines Gruppeninterviews sind in Abbildung 4.8 dargestellt.

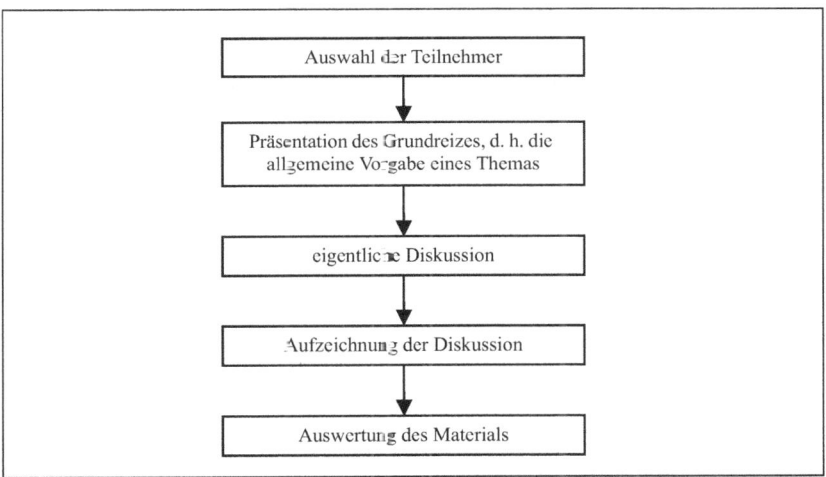

Abb. 4.8 Ablaufmodell einer Gruppendiskussion (vgl. Lamnek und Krell 2016, S. 391)

Da die Gruppendiskussion eine sehr vielfältig anwendbare Methode ist, muss bei der Vorbereitung eine große Anzahl an Entscheidungen getroffen werden, auf die hier nur andeutungsweise eingegangen werden kann:[32] Soll die Diskussion mit künstlich zusammengesetzten Gruppen oder mit natürlichen Gruppen geführt werden? Soll die Diskussion thematisch strukturiert werden oder offen sein? Soll der Diskussionsleiter eine direktive oder nondirektive Gesprächsführung wählen (vgl. Lamnek und Krell 2016, S. 406)? Wie bei allen bisher behandelten Methoden kann auch hier keine pauschale Empfehlung ausgesprochen werden. Vielmehr ist

---

32 Für ausführliche Hinweise sei verwiesen auf Lamnek (2005).

die Vorgehensweise vor dem Hintergrund des jeweiligen Erkenntnisinteresses und der anvisierten Teilnehmer der Untersuchung gründlich abzuwägen. Gleichwohl sollen einige Aspekte Erwähnung finden, die sich in der Forschungspraxis oftmals bewährt haben (vgl. Lamnek und Krell 2016, S. 406-422). Empfohlen wird u. a. eine Gruppengröße von fünf bis zwölf Personen, wobei die Teilnehmer nach Möglichkeit eine *natürliche Gruppe* bilden sollten – wie zum Beispiel die Besucher eines Jugendzentrums. Zu Beginn der Gruppendiskussion stellen sich der Diskussionsleiter und die Teilnehmer kurz vor. Ferner wird das Thema der Diskussion noch einmal knapp präsentiert und darauf hingewiesen, dass die Auswertung anonymisiert erfolgt. Sodann bringt der Diskussionsleiter den Grundreiz ein, beispielsweise eine provokante Frage oder ein umstrittenes Zitat, zu dem sich die Teilnehmer äußern sollen. Dabei muss beachtet werden, dass keine Suggestion in die eine oder andere Richtung erfolgt. Bedacht werden muss zudem, dass trotz des Grundreizes nicht immer sofort eine Diskussion in Gang kommt. Für diesen Fall sind weitere Reize vorzuhalten. Ferner besteht für den Diskussionsleiter zum Beispiel die Möglichkeit nachzufragen, wie Äußerungen gemeint waren oder Aussagen in Frage zu stellen, um weitere Begründungen zu erhalten. Außerdem können Aussagen interpretiert werden, um zu sehen, ob diese Deutung Zustimmung findet (Lamnek und Krell 2016, S. 421). Über diese Impulse zur Diskussionsbelebung hinaus, muss der Leiter außerdem darauf achten, dass der rote Faden nicht verloren geht, die Diskussion ordnungsgemäß abläuft und alle Teilnehmer angemessen zu Wort kommen, was bedeutet, sogenannte „Schweiger" zu animieren und sogenannte „Vielredner" behutsam zu bremsen (Lamnek und Krell 2016, S. 421 f.). Aus dieser Auswahl an Empfehlungen dürfte deutlich geworden sein, dass erhebliche kommunikative Kompetenzen notwendig sind, um eine Gruppendiskussion erkenntnisgewinnend zu leiten.

Ein besonders interessantes Beispiel für den Einsatz des Gruppendiskussionsverfahrens ist die von der ZDF-Medienforschung in Auftrag gegebene Studie „Kulturverständnis in der Bevölkerung" (Kuchenbuch 2005). Ergänzend zu bereits vorliegenden statistischen Daten zum Kulturinteresse, zum Interesse an Kulturmagazinen/-sendungen im Fernsehen und zu diesbezüglichen Unterschieden zwischen Ost- und Westdeutschland wurde über die Methode der Gruppendiskussion qualitativ untersucht, „ob es ein differenziertes Kulturverständnis in Ost- und Westdeutschland gibt, das möglicherweise auf den verschiedenen Kulturbiographien beruht und damit für einen unterschiedlichen Umgang mit dem Thema Kultur verantwortlich ist" (Kuchenbuch 2005, S. 62). Darüber hinaus wurden Einschätzungen zu Kulturmagazinen im Fernsehen ermittelt, Gründe für die (Nicht-)Nutzung diskutiert und Anforderungen an ein ideales Kulturmagazin entwickelt. Insgesamt wurden acht etwa dreieinhalbstündige Gruppendiskussionen mit all-

4.2 Formen der Befragung

gemein kulturinteressierten Personen geführt, wobei jeweils Gruppen mit Sehern und Nichtsehern von Kulturmagazinen gebildet wurden. Besonders beachtenswert in diesem Zusammenhang ist die Idee, in Kleingruppen Collagen mit den Themen „Das ist Kultur" und „Das ist keine Kultur (mehr)" erstellen zu lassen, „um den Kulturbereich auch in seinen Grenzbereichen anschaulicher diskutieren zu können" (Kuchenbuch 2005, S. 63). Um die individuellen, von der Gruppe unbeeinflussten Meinungen zu erheben, wurden außerdem ergänzend Techniken wie zum Beispiel Satzergänzungstests eingesetzt.

Die Beobachtung in der Kulturpublikumsforschung 5

5.1 Grundlagen

Gegenwärtig ist die Methode der Beobachtung im Bereich der Besucherforschung noch nicht sehr verbreitet. Gleichwohl wird sie hier im Überblick vorgestellt, da sie vielfältige Einsatzmöglichkeiten bietet. Während Befragungen sich auf die Erhebung von Einstellungen und Meinungen – beispielsweise zu Kultureinrichtungen und -angeboten – sowie *Aussagen über* das eigene (Kulturnutzungs-)Verhalten beschränken müssen, kann mit der Methode der Beobachtung auch *das tatsächliche* Verhalten von Kulturnutzern direkt erfasst werden:

> „Ist von der Erhebungsmethode der Beobachtung in der Sozialforschung die Rede, so wird darunter […] die direkte Beobachtung menschlicher Handlungen, sprachlicher Äußerungen, nonverbaler Reaktionen (Mimik, Gestik, Körpersprache) und anderer sozialer Merkmale (Kleidung, Symbole, Gebräuche, Wohnformen usw.) verstanden" (Diekmann 2012, S. 548).

Denkbar ist beispielsweise mit Hilfe von Beobachtungsverfahren die Laufwege in Foyers und Ausstellungen, die Verweilzeiten vor Exponaten oder das Einkaufsverhalten in Museumsshops einer Analyse zu unterziehen. Der große Vorteil gegenüber Befragungen ist dabei, dass weniger Verzerrungen der Daten durch soziale Erwünschtheit oder durch bewusste Verfälschungen seitens der Befragten möglich sind (vgl. Kapitel 4.1).

Obgleich wir in unserem Alltag ständig auch Beobachtende sind – Lehrer beobachten die Schüler auf dem Pausenhof, Studenten beobachten ihre Dozenten, Verkäufer beobachten ihre Kunden – und damit verschiedenste Erfahrungen haben, gehört die Beobachtung zu den vergleichsweise anspruchsvolleren wissenschaftlichen Methoden. Was unterscheidet nun aber eine wissenschaftliche Beobachtung von einer alltäglichen Beobachtung? Während wir uns im Alltag meist spontan ein Bild von einem Sachverhalt, einer Person oder einem Ereignis machen, muss bei einer wissenschaftlichen Beobachtung immer begleitend die Frage gestellt werden, unter welchen Bedingungen und Voraussetzungen der Befund zustande kam: Waren zum Beispiel die Beobachter in der Lage, auch all das zu sehen, worauf sie ihre Aufmerksamkeit richten sollten? Oder waren sie aufgrund zu großer Besucherströme oder zu unkonkreter Beobachtungsanweisungen überfordert? Haben die Beobachter aufgrund von Vorwissen oder Vorurteilen bestimmte Aspekte nur selektiv wahrgenommen bzw. haben sie – sei es bewusst oder unbewusst – nur das festgehalten, was für sie wünschenswert erscheint?

Es wurde bereits mehrfach betont, dass wissenschaftliches Arbeiten immer eine größtmögliche Systematik, Nachvollziehbarkeit und Objektivität anstreben sollte. Entsprechend wird auch für wissenschaftliche Beobachtungen gefordert, dass sich die Forschenden alle Deutungs- und Wissensvoraussetzungen bewusst machen und ferner alle Forschungsschritte methodisch reflektieren. Als Kriterium der Wissenschaftlichkeit bietet sich so nach Atteslander (1993, S. 96) „daher lediglich das Maß und die Methode der Selbstbeobachtung des Beobachters und seiner Beobachtung an." Dementsprechend ist offen zu legen,

- nach welchen Kriterien beobachtet wird,
- wer beobachtet werden soll,
- wo die Beobachtung stattfinden soll,
- wie lange die Beobachtung bzw. die Beobachtungseinheit andauern soll,
- wie das Beobachtete aufgezeichnet wird und
- welche Auswertungsverfahren zur Anwendung kommen.

Darüber hinaus müssen die an der Untersuchung beteiligten Personen ihr Vorwissen und ihre Vorannahmen offen legen und reflektieren, um Datenverzerrungen zu vermeiden.

Eine zentrale Herausforderung bei der Durchführung von Beobachtungen ist die Vermeidung selektiver Wahrnehmung. Damit ist gemeint, „dass der Beobachter aus der Vielfalt der in einem bestimmten Moment vorhandenen Umweltreize nur einen bestimmten Teil aufnehmen kann" (Atteslander 2010, S. 102). Was aufgenommen wird, kann von bisherigen Erfahrungen, Zielen der Untersuchung, aber auch von Vorurteilen beeinflusst werden. In der Konsequenz werden möglicherweise besonders nachvollziehbare Ereignisse überbetont oder Selbstverständlichkeiten übersehen. Darüber hinaus kann es aber auch zu einer Überforderung der Beobachter kommen, wenn sich die Zielperson in einer großen Menschenmenge und in unübersichtlich Räumen bewegt – was gerade im Bereich der Besucherforschung

5.1 Grundlagen

nicht selten vorkommt – oder wenn mehrere Personen, wie zum Beispiel eine vierköpfige Familie, gleichzeitig beobachtet werden müssen.

Weitere Probleme der Selektivität können sich bei der Aufzeichnung durch Erinnerungslücken oder durch Probleme bei der Übersetzung des Beobachteten in Sprache ergeben (vgl. Atteslander 2010, S. 102). Hier ist deshalb im Vorfeld sehr sorgfältig abzuwägen, wie das beobachtete Geschehen dokumentiert werden soll: Die Möglichkeiten reichen von der Aufzeichnung mit Video über Gedächtnisprotokolle und teilstandardisierte Leitfäden, auf denen stichwortartige Notizen angefertigt werden, bis hin zu Beobachtungsschemata, in die wie bei einem Fragebogen nur Kreuze und Zahlen eingetragen werden müssen (vgl. Lamnek und Krell 2016, S. 575 ff.). Ideal, in der Praxis der Kulturpublikumsforschung sicherlich aber in den seltensten Fällen umsetzbar, ist die Dokumentation auf Video, da hier das zu beobachtende Geschehen im Nachhinein beliebig oft wiedergegeben werden kann. Sowohl bei der Protokollierung mit Hilfe eines Leitfadens als auch beim Einsatz eines vollstandardisierten Beobachtungsschemas ist darauf zu achten, dass eine angemessene Zahl an Fragen bzw. Kategorien vorgesehen ist, welche die Beobachter in der konkreten Erhebungssituation auch bewältigen können, ohne den Anschluss an das Geschehen zu verlieren und unaufmerksam zu werden.

Neben der selektiven Wahrnehmung kann auch die Teilnahme des Beobachters im Feld zu Problemen führen (vgl. Atteslander 2010, S. 102 f.). Ähnlich wie bei Interviews – wenn auch nicht im vergleichbaren Ausmaß – kann es beispielsweise zum Effekt der sozialen Erwünschtheit aufgrund der erkennbaren Anwesenheit eines Beobachters kommen. Bei einer Beobachtung von Museumsbesuchern sollte deshalb darauf hingewiesen werden, dass die Erhebung vollständig anonym erfolgt, dass es kein „richtiges" oder „falsches" Verhalten in einer Ausstellung gibt und dass man sich ganz natürlich und unbefangen – in der für sich gewohnten Art und Weise (in Bezug auf Tempo, Pausen usw.) – durch die Ausstellung bewegen soll, ohne auf die Beobachter „Rücksicht" zu nehmen. Um nicht beeinflussend zu wirken, müssen sich selbstverständlich auch die Beobachter so neutral wie möglich verhalten: So können wiederholte Blicke des Beobachters auf die Uhr möglicherweise den Beobachteten das Gefühl vermitteln, sie bewegen sich zu langsam durch den Ausstellungsraum.

Eine weitere Verzerrungsgefahr birgt die Auswahl der Zielpersonen von Beobachtungen. Da dieses Problem aber nicht allein auf Beobachtungen begrenzt ist, sondern ebenso bei anderen Erhebungsmethoden auftaucht, wird dieser Aspekt in Kapitel 8 gesondert thematisiert.

5.2 Formen der Beobachtung

Auch bei der Beobachtung existieren vielfältige Verfahren, deren Einsatz wesentlich vom Untersuchungsgegenstand und Erkenntnisziel abhängt. Die verschiedenen Beobachtungsarten lassen sich folgendermaßen systematisieren, wobei es sich hier nicht um Gegensatzpaare handelt, sondern vielmehr um mögliche Ausprägungen auf einem Kontinuum (vgl. Diekmann 2012, S. 563 f.; Lamnek und Krell 2016, S. 523 ff.):

- standardisierte versus nicht-standardisierte Beobachtung
- offene versus verdeckte Beobachtung
- teilnehmende versus nicht-teilnehmende Beobachtung
- Feldbeobachtung versus Beobachtung im Labor
- Fremdbeobachtung versus Selbstbeobachtung

Zunächst werden die möglichen *Standardisierungsgrade* von Beobachtungen näher betrachtet. Wie auch bei den Interviews können diese von hochgradig standardisiert über teilstandardisiert bis hin zu wenig bzw. nicht-standardisiert reichen. Bei wenig bis nicht-standardisierten Beobachtungen gibt es – ebenfalls ähnlich wie bei nicht-standardisierten Interviews – unter Umständen nur eine oder wenige Leitfragen. Entsprechend offen – aber auch umfassend – ist die Protokollierung und Beschreibung des beobachteten Geschehens. Im Falle einer teilstandardisierten Beobachtung wird demgegenüber mit einem Leitfaden gearbeitet, der eine vorher erarbeitete Liste an Gesichtspunkten enthält, auf die die Aufmerksamkeit der Beobachter gerichtet werden soll (Diekmann 2012, S. 569). Darüber hinaus enthält der Leitfaden Hinweise zur Dokumentation.

Als Beispiel für ein wenig standardisiertes Vorgehen sei eine Nachbesserungsevaluation für die Ausstellung „unter.Welten – Das Universum unter unseren Füßen" zum Thema „Boden" im Museum am Schölerberg in Osnabrück angeführt (vgl. Mensching et al. 2004). Hier wurden als Zielgruppe junge Familien von einem Beobachter auf ihrem Weg durch das Museum begleitet und ihr Verhalten in den besuchten Ausstellungsräumen u. a. auf der Basis eines offenen Beobachtungsbogens erfasst:

> „Dieser [Beobachtungsbogen] wurde der Raumabfolge entsprechend durchnummeriert und die Nutzungen bzw. das Verhalten der Familie in diesem Bereich wurden chronologisch dokumentiert. Auch die Dauer einer Raumnutzung wurde gestoppt und notiert. Um das Mitschreiben und die Auswertung zu vereinfachen, wurden lediglich einige allgemeine Nutzungen und Verhaltensweisen (z. B. Lesen, Intensive Nutzung) definiert und mit Hilfe eines Kürzels (z. B. entspr. ‚L', ‚IN') für jede Nutzung eines Bereichs einzeln protokolliert [...]. Wenn möglich wurde schon während der Beob-

5.2 Formen der Beobachtung

achtung eine Zusammenfassung des Verhaltens einer Familie in einem bestimmten Bereich festgehalten" (Mensching 2004, S. 21).

Im Gegensatz hierzu kommt bei einer sehr standardisierten Beobachtung ein klar definiertes Beobachtungsschema zur Anwendung, um zu quantifizierbaren Aussagen zu gelangen und damit auch auf breiter Basis Vergleiche durchführen zu können: Dieses beinhaltet „die Beobachtungsitems (welche Ereignisse zu beobachten sind), die Kategorien der Beobachtung (worauf bei dem Ereignis zu achten und in welchen Kategorien es zu protokollieren ist) sowie generelle Angaben, zum Beispiel der Dauer, des Ortes, der Zahl der Personen u. a." (Friedrichs 1990, S. 275). In der genannten Nachbesserungsevaluation kam ein solches Beobachtungsschema ergänzend zur Anwendung (vgl. Abbildung 5.1).

Fragen an die stillen Beobachter   Familie Nr.:_____

<u>Eingangsbereich</u>

Wird der Erdhaufen auf dem Tisch wahrgenommen?   nein
    Kind: K   >5s
    Erwachsener: K   >5s

Wird der Startknopf der Zeitreise gedrückt?   nein
    Kind: → Probleme wegen Kippschalter?
    Erwachsener: → Probleme wegen Kippschalter?

Wird der „unter.Welter"-Text gelesen?   nein
    Kind: K   >5s
    Erwachsener: K   >5s

<u>Kindererlebnisbereich/Kino</u>

Wie nutzen die Kinder den Erlebnisbereich?   gar nicht
    allein, Eltern im Raum
    gemeinsam mit den Eltern
    allein, Eltern nicht im Raum

[…]

K = Kurzzeitnutzung
>5s = längere Nutzung (> 5 Sekunden)

Abb. 5.1 Beispielhafter Auszug aus standardisiertem Beobachtungsbogen (Mensching et al. 2004, S. 36)

Weiterhin kann eine Beobachtung *offen* oder *verdeckt* erfolgen: Bei einer verdeckten Beobachtung gibt sich der Beobachter nicht als solcher zu erkennen. Dies hat den Vorteil, dass die beobachteten Personen ihr Verhalten nicht ändern, um in einem besonderen Licht wahrgenommen zu werden (Diekmann 2012, S. 565). Zu bedenken ist beim Einsatz der Methode der verdeckten Beobachtung jedoch, ob der Datenschutz gewährleistet ist und ob sie forschungsethisch vertretbar ist.[33] Bei einer verdeckten Beobachtung innerhalb einer Kultureinrichtung sollten die Besucher durch das Einlasspersonal und/oder per Aushang darüber informiert werden, dass eine Beobachtungsstudie durchgeführt wird. Zum einen wird damit vermieden, dass es bei einer möglichen „Entlarvung" der Beobachter zu Konflikten und möglicherweise zu einem Imageschaden für die Institution kommt, zum anderen können Besucher, die nicht beobachtet werden möchten, dies direkt artikulieren. Auf ein Beispiel zur verdeckten Beobachtung im öffentlichen Raum wird weiter unten noch eingegangen.

Unterschieden werden kann auch zwischen einer *teilnehmenden* und einer *nicht-teilnehmenden Beobachtung*: Die teilnehmende Beobachtung bietet sich nur an, wenn der Beobachter eine definierte Rolle im sozialen Feld übernehmen kann (wie zum Beispiel die Rolle des Praktikanten bei einer Museumsführung). Die nicht-teilnehmende Beobachtung hat den Vorteil, dass „der Beobachter nicht gleichzeitig zwei Dinge tun muss: im Feld interagieren und sich gleichzeitig auf die Beobachtung des sozialen Geschehens zu konzentrieren" (Diekmann 2012, S. 564 f.).

Findet die Beobachtung in natürlichen sozialen Situationen statt – wie zum Beispiel im regulären Abendbetrieb eines Kulturzentrums –, so spricht man von einer *Feldbeobachtung* (vgl. Diekmann 2012, S. 566). Kennzeichnend für eine *Laborbeobachtung* ist hingegen, dass sie in einem künstlich geschaffenen Umfeld durchgeführt wird (vgl. Lamnek und Krell 2016, S. 531): Dabei wird der Beobachtungsgegenstand aus seiner komplexen Umwelt herausgelöst, um mögliche unkontrollierbare Einflussfaktoren zu reduzieren. Die Laborbeobachtung spielt im Kulturbereich – mit Ausnahme der Testvorführungen von Filmproduktionsfirmen zur Überprüfung der Reaktionen auf unterschiedliche Filmversionen – bislang noch keine nennenswerte Rolle.

Anzumerken ist schließlich in Hinblick auf die Unterscheidung zwischen *Fremd-* und *Selbstbeobachtung*, dass in der empirischen Sozialforschung die „Beobachtung" Verhaltensweisen anderer Menschen zum Gegenstand hat: „Die *Selbstbeobachtung* [...] bezieht sich dagegen auf die Beobachtung des eigenen Verhaltens, der eigenen Gefühle und Verhaltensmotive" (Diekmann 2012, S. 568). Da auf diese Weise gewonnene Daten nicht intersubjektiv überprüfbar sind (vgl. Kapitel 2.2), ist die Selbstbeobachtung als wissenschaftliche Methode ausgeschlossen.

---

33 Vgl. hierzu beispielsweise den Ethik Kodex der Deutschen Gesellschaft für Soziologie: http://www.soziologie.de/index.php?id=19 (Abruf: 6. März 2018).

5.2 Formen der Beobachtung

Ein detailliert dokumentiertes Anwendungsbeispiel liefert die Studie „Die Straße der Ameisen – Beobachtungen und Interviews zum Salzburger Städtetourismus" (Keul und Kühberger 1996), die hier aufgrund ihrer Anschaulichkeit etwas ausführlicher vorgestellt werden soll. Ziel der deskriptiven, hypothesenbildenden Studie war es, das touristische Verhalten in den Freiräumen der Salzburger Altstadt, außerhalb von Gebäuden, zu beobachten. Methodisch zum Einsatz kamen sogenannte Trackings – das heißt verdeckte Verhaltensbeobachtungen mit Karteneintragung – und strukturierte Interviews mit den Probanden im Anschluss an die Beobachtung. Aufgrund des hohen Aufwandes wurden nicht komplette Altstadt-Besichtigungen dokumentiert, sondern Zeitstichproben von 15 Minuten durchgeführt (Keul und Kühberger 1996, S. 34). Insgesamt konnten 214 Trackings realisiert werden.

Die Beobachter arbeiteten jeweils in Zweiergruppen, wobei eine Person die Stoppuhr bediente und die andere Person das Protokoll führte. Als Zielpersonen sollten nur Individualtouristen (Einzelpersonen, Paare, Kleinfamilien usw.) und keine organisierten Reisegruppen oder Führungen ausgewählt werden. Das Alter der Zielpersonen sollte sich zwischen 20 und 60 Jahren bewegen, die Geschlechtsverteilung sollte zu 50 Prozent Männer und zu 50 Prozent Frauen betragen. Bei der Auswahl sollte ferner auf touristische Erkennungsmerkmale – wie zum Beispiel Stadtplan oder Fotoapparat – geachtet werden, um nicht versehentlich Einheimische zu beobachten (Keul und Kühberger 1996, S. 35).

Neben den Zeitfenstern wurden auch die örtlichen Startpunkte der Beobachtung sowie die Dauer einheitlich festgelegt. Hierzu gab es folgende konkrete Anweisungen:

> „Die Trackings begannen an definierten Startpunkten: Jede Gruppe erhielt ein bestimmtes Tor mit einer Folgerichtung. Nur Leute, die das Tor in Folgerichtung passierten, kamen als Zielpersonen in Frage. [...]
> Vor dem Start jedes Trackings wurden jeweils eine Minute lang die Passanten (also alle Vorbeigehenden, ob Touristen oder Einheimische) gezählt, die das Tor in Folgerichtung passierten. Dieser Wert ergab einen Indikator der aktuellen touristischen Frequenz in der Altstadt.
> Die Dauer einer Tracking-Beobachtung betrug einheitlich 15 Minuten [...]. Nach einer erfolgreichen Viertelstunden-Beobachtung war dann ein Interview mit der Zielperson durchzuführen.
> Um keine unbewußten Auswahlkriterien der Studierenden einfließen zu lassen, konnten sich diese Zielpersonen nicht ,nach Gefühl' aussuchen, sondern mußten sich zur Startzeit in Folgerichtung aufstellen, also mit dem Rücken zu sich nähernden Touristen, und dann die fünfte Person oder Gruppe von Individualtouristen in die Beobachtung nehmen. Das randomisierte die Personenzahl" (Keul und Kühberger 1996, S. 37 f., im Original mit Hervorhebungen)

Zur Protokollierung der verdeckten „Verfolgung" erhielt jede Beobachtergruppe eine Stoppuhr, Beobachtungs- und Interview-Unterlagen sowie präzise Instruktionen:

„Auf dem Beobachtungsbogen waren Datum, Laufnummer, Zeit, Gruppennummer, ProtokollantIn, Tor-Nummer (Startpunkt), Wetterangaben, Personen/min. (touristisches Frequenzmaß) sowie Daten über die Zielperson des Trackings einzutragen. Auf der Karte war für die Dauer der Trackingzeit (15 Minuten) die Weglinie (Trajektorie) der Zielperson samt Stops (nummerierte dicke Punkte) einzuzeichnen.
Als Stop bzw. Haltepunkt galt nur freiwilliges Stehenbleiben über fünf Sekunden, also keine trivialen Situationen wie etwas kurzes Bücken, Stehen [...] oder erzwungene Halts [...]. Bei jedem Halt war die Standzeit individuell zu stoppen und aufzunotieren.
Die richtige Reaktion wurde vor der Feldbeobachtung anhand gestellter Situationen mit allen Beobachtern geübt, um systematische Fehler (z. B. zu spätes Anstoppen) zu vermeiden.
Für jeden Haltepunkt war die Aktivität der Zielperson in der „Station" zu codieren. Die Kategorien waren Foto, Video/Filmen, Führer lesen/Stadtplan, Schauen, Schreiben, Essen, Stop bei Maler/Straßenmusikant und weitere, freie Kategorien nach Bedarf. Wenn außer Schauen eine andere Aktivität auftrat, war sie auf jeden Fall zu notieren [...]" (Keul und Kühberger 1996, S. 38 ff., im Original mit Hervorhebungen).

Weiterhin festgelegt waren auch Abbruchkriterien, beispielsweise wenn die Zielperson ein Haus betrat und dort länger als fünf Minuten verschwand oder wenn zu erkennen war, dass sich die Zielperson beobachtet fühlte. Das Beispiel verdeutlicht, dass auch eine Beobachtung umfassender konzeptioneller Vorüberlegungen bedarf, um zu aussagekräftigen und belastbaren Ergebnissen zu gelangen.

Ergänzend zu den bisher vorgestellten Beobachtungsarten und -beispielen soll darauf hingewiesen werden, dass auch hier die technischen Möglichkeiten von Neuen Medien interessante Perspektiven für die Publikumsforschung eröffnen (vgl. Glogner-Pilz und Kolb 2014, S. 191 f.).[34]

Beispielsweise kann unter Verwendung von funkbasierten Technologien inzwischen jedes Smartphone „innerhalb von Gebäuden in die Lage versetzt werden, die eigene Position zu berechnen, indem seine Sensoren die Stärke von umliegenden Signalen messen. Diese Signale können [...] von WLAN-Netzen oder speziellen, streichholzschachtelgroßen Sendern, sogenannten Beacons (dt.: Leuchtfeuer, Ortungssender), stammen" (Ceynowa und Hermann 2016). Über die reine Navigation hinaus bietet die Technologie (je nach verwendetem System) ferner die Möglichkeit zur Sammlung von Besucherdaten (vgl. Ceynowa und Hermann 2016), wobei hier aber selbstverständlich ein besonderes Augenmerk auf den Datenschutz zu richten ist.

Beobachtet werden kann ferner das Verhalten von Internetnutzern auf Websites von Kultureinrichtungen. Beim Besuch von Webseiten im Internet werden „digitale Fußspuren" hinterlassen, die über sogenannte Logfile-Analysen ausgewertet werden können. Logfiles sind Datendateien, die im täglichen Internetverkehr auf und von

---

34 Beispielhaft zu nennen ist in diesem Zusammenhang die Studie „eMotion" (vgl. Tröndle et al. 2012), auf die bereits in Kapitel 2.5 eingegangen wurde.

Computern angelegt bzw. gespeichert werden: „Die ursprünglich für Techniker und Informatiker zur Leistungs- und Funktionskontrolle gedachten Daten werden heute insbesondere für die kommerzielle Nutzungsforschung herangezogen" (Welker 2014b, S. 304). Ermittelt werden kann beispielsweise der verwendete Browser, der Link, mit der die Seite aufgerufen wurde, die genutzte Suchmaschine, die Dauer der Website-Nutzung, die Anzahl der aufgerufenen Seiten etc. (Welker 2014b, S. 308). Darüber hinaus besteht eine Vielzahl an weiteren Möglichkeiten der Datengewinnung und -auswertung sowie der Kombination mit anderen Daten, die zum Beispiel inhaltsanalytisch erhoben wurden (vgl. ausführlich Welker 2014b). Sehr kritisch ist in diesem Zusammenhang aber zu fragen, ob auch der Kulturbereich der Versuchung nachgeben sollte, der Konsumgüterindustrie und dem Trend der stetigen Dauerbeobachtung – die zudem von den Betroffenen häufig unbemerkt bleibt – zu folgen (vgl. Glogner-Pilz und Kolb 2014, S. 200).

Die Inhaltsanalyse in der Kulturpublikumsforschung 6

6.1 Grundlagen

Bislang findet die Inhaltsanalyse in Kontexten der Kulturpublikumsforschung als Möglichkeit der Datenerhebung noch kaum Beachtung.[35] Gleichwohl bieten sich interessante Anwendungsmöglichkeiten, die eine nähere Betrachtung lohnenswert erscheinen lassen. So entsteht in der alltäglichen Arbeit von Kulturinstitutionen und ihrem Umfeld doch – quasi „nebenbei" – vielfältiges und umfassendes Text- und Datenmaterial, aus dem sich neue Erkenntnisse kondensieren lassen. Beispielhaft zu nennen sind Einträge von Besuchern in Gästebüchern oder Kommentare auf Social Media-Plattformen (vgl. Glogner-Pilz und Kolb 2014, S. 192 ff.). Mithilfe von Inhaltsanalysen lassen sich ferner auch Einstellungen und Präferenzen von Journalisten, Kulturkritikern oder Bloggern als „meinungsführendes Kulturpublikum" untersuchen, indem Presse- und Medienberichte ausgewertet werden. Und schließlich sind auch historische Publikumsstudien denkbar, die auf der Basis von Archivmaterial o. ä. durchgeführt werden.

Mit der Inhaltsanalyse sind einige Vorteile verbunden, die in Anbetracht der allgemeinen Fokussierung auf die Methode der Befragung gerne übersehen werden. Früh (2017, S. 43 f.) verweist unter anderem darauf, dass man nicht auf die Kooperation von Versuchspersonen angewiesen ist, dass man weniger abhängig von Terminen zur Datenerhebung und -analyse ist, dass sich das Untersuchungsobjekt durch die Untersuchung nicht verändert, dass die Untersuchung beliebig

---

[35] Anders verhält sich dies beim Einsatz als Auswertungsmethode – insbesondere in Zusammenhang mit qualitativen Interviews und Beobachtungen. In Kapitel 10.2 wird darauf gesondert eingegangen.

reproduzierbar ist und dass Aussagen über Kommunikatoren und Rezipienten ermöglicht werden, die nicht bzw. nicht mehr erreichbar sind.[36]
Definiert werden kann die Inhaltsanalyse als „eine empirische Methode zur systematischen, intersubjektiv nachvollziehbaren Beschreibung inhaltlicher und formaler Merkmale von Mitteilungen, meist mit dem Ziel einer darauf gestützten interpretativen Inferenz [das heißt Schlussfolgerung; P. G.] auf mitteilungsexterne Sachverhalte" (Früh 2017, S. 29). Wichtige Kontexte für Inferenzschlüsse sind der Kommunikator, der Rezipient sowie die soziale, historische oder politische Situation, wobei Folgerungen auf den Urheber eines Textes am nahe liegendsten erscheinen (Rössler 2017, S. 32; vgl. Abbildung 6.1).

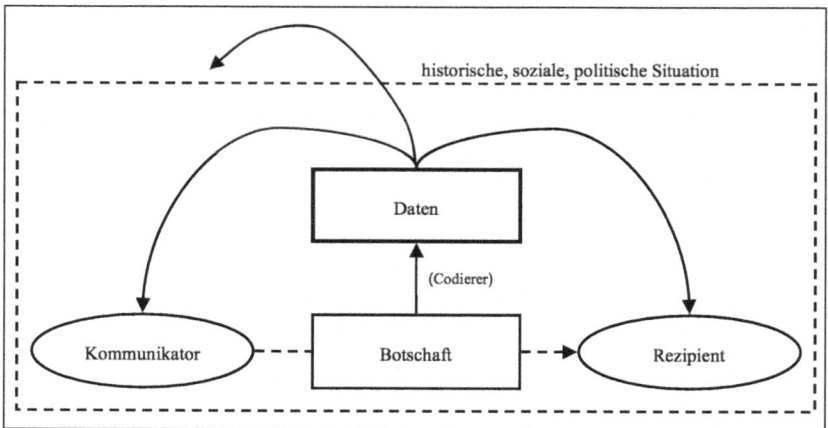

Abb. 6.1 Inferenzschlüsse (Rössler 2017, S. 32)

Zu beachten ist jedoch, dass die Aussagekraft solcher inhaltsanalytisch fundierter Inferenzen auf Kommunikatorabsichten und Wirkungen Grenzen hat, wenn sie alleine auf – wenn auch plausiblen – Interpretationen der Inhaltsanalytiker beruhen:

> „Um einen stringenten Beweischarakter zu erlangen, müssen sie sich zusätzlich zu den inhaltsanalytischen Befunden auf externe, nicht inhaltsanalytisch gewonnene Kriterien stützen: Mit Hilfe der Inhaltsanalyse allein lassen sich im strikten Sinne weder Wirkungen von Mitteilungen noch Eigenschaften und Absichten von Kommu-

---

36 Beim zuletzt genannten Aspekt bestehen Einschränkungen, die im Folgenden ausgeführt werden.

nikatoren nachweisen. Dazu müssen zusätzliche Informationen über Kommunikatoren und Rezipienten vorliegen" (Früh 2017: 46f.).

Damit könnte man inhaltsanalytischen Daten eine nur begrenzte Aussagekraft unterstellen. Folgende Argumente lassen sich aber beispielsweise entgegenhalten:

- Die Argumentation ist „auch bei anderen Methoden wie Befragung und Beobachtung oder auch bei der hermeneutischen Textauslegung auf Plausibilitäten und Wahrscheinlichkeiten aufgebaut, so dass dies keine spezifische Restriktion der Inhaltsanalyse ist" (Früh 2017, S. 51).
- Die Inhaltsanalyse wird ja oft gerade dort eingesetzt, „wo sich andere Methoden zur direkten Erfassung von Kommunikatorabsichten bzw. Publikumsreaktionen nicht einsetzen lassen, weil die Zielpersonen nur schwer oder auch gar nicht mehr erreichbar sind" (Früh 2017, S. 51).
- Jede Wirkungsanalyse und jede Analyse formulierter Kommunikatorabsichten setzt „zunächst die Beschreibung dessen voraus, was als Ursache aller Ergebnisse dieser Kommunikationsbeziehungen vorliegt. Wenn man keine näheren Angaben über eine Mitteilung macht, kann man z. B. auch nicht sinnvoll ihre Wirkungen spezifizieren" (Früh 2017, S. 51).
- Ein großer Teil der Inhaltsanalysen ohne Inferenzabsichten wird „allein zur Beschreibung und Strukturierung des Medienangebots bzw. zum Vergleich bestimmter Inhaltsstrukturen durchgeführt. Das heißt nicht, dass Deskriptionen völlig interessen- und zweckfrei sein müssten, sondern nur, dass die strukturierend-beschreibende Analyse und nicht die Inferenz das primäre Forschungsziel ist" (Früh 2017, S. 51).

Zur Verdeutlichung soll ein Beispiel herangezogen werden: Ein inhaltsanalytischer Genrevergleich zur Gewaltdarstellung in populärer Musik zeigt, dass Heavy Metal – verglichen mit Rap, Rock und Country – das Genre mit den meisten gewalthaltigen Songtexten ist (Ruth und Thomamüller 2015): Immerhin 23,5 Prozent der analysierten Songs haben entsprechende Inhalte. Hierbei handelt es sich zunächst nur um eine beschreibende Vergleichsanalyse, aus der aber noch nicht die Schlussfolgerung gezogen werden kann, dass das Publikum eines Heavy Metal-Konzerts zwangsläufig auch gewalttätiger oder aggressiver sein muss als die Publika anderer Musikgenres. Gleichwohl ist der Befund für weiterführende Überlegungen zu möglichen Wirkungsstudien von Relevanz und sollte daher Berücksichtigung finden.

6.2 Formen der Inhaltsanalyse

Wie auch bei der Befragung und der Beobachtung kann bei der Inhaltsanalyse zum einen eine prinzipielle Unterscheidung zwischen quantitativen und qualitativen Zugängen getroffen werden. Zum anderen existieren insbesondere im quantitativen Bereich vielfältige Ausdifferenzierungen. In Anbetracht der oben bereits angesprochenen „Randständigkeit" der Inhaltsanalyse im Bereich der Kulturpublikumsforschung beschränken sich die folgenden Ausführungen auf einen allgemeinen Überblick. Bei weiterführendem Interesse sei beispielsweise verwiesen auf Früh (2017) oder Rössler (2017).

Quantitative Inhaltsanalyse

Das zentrale inhaltsanalytische Ziel ist die Reduktion der Komplexität des vorliegenden Materials – seien es Zeitungsberichte, Protokolle, Blogeinträge oder auch Bildmaterial –, indem zentrale Muster herausgearbeitet werden (vgl. Rössler 2017, S. 18). Dazu bedarf es einer Vorgehensweise, die ein größtmögliches Maß an Systematik und Objektivität gewährleistet.

In einem ersten Schritt ist eine Entscheidung darüber zu treffen, welche Kriterien bei der Auswahl des Untersuchungsmaterials zugrunde gelegt werden. Um die sogenannten Auswahleinheiten zunächst einzugrenzen, schlägt Rössler (2017, S. 54 ff.) für Medieninhaltsanalysen ein sechsstufiges Vorgehen vor: die Eingrenzung auf einen relevanten Zeitraum, die Spezifizierung der räumlichen Geltung, die Entscheidung über die Mediengattungen (zum Beispiel Printmedien oder Funkmedien), die Auswahl der Angebote innerhalb der Gattungen (zum Beispiel die Frankfurter Allgemeine Zeitung und die Süddeutsche Zeitung), die Eingrenzung auf Ressorts und Formate sowie schließlich – falls nur ein inhaltlich definierter Teil der Berichterstattung untersucht werden soll – die Definition von Aufgreifkriterien, die festlegen, welche Beiträge Berücksichtigung finden sollen. Nach dieser ersten Eingrenzung steht oftmals immer noch mehr Material zur Verfügung als tatsächlich im Rahmen einer Analyse bewältigt werden kann. Daraus ergibt sich die Notwendigkeit, eine weitere Auswahl aus dem Material vorzunehmen, wobei die Anforderungen an Stichprobenverfahren zu erfüllen sind (vgl. Kapitel 8), wenn verallgemeinerbare Ergebnisse angestrebt werden (vgl. Rössler 2017, S. 54 und S. 57 ff.).

Der nächste Schritt besteht in der Festlegung der Analyseeinheit als „jene Elemente aus dem Untersuchungsmaterial, für die im Rahmen der Codierung eine Klassifizierung vorgenommen wird" (Rössler 2017, S. 75). Denkbar sind beispielsweise Wörter, Wortkombinationen, Sätze, Absätze, Artikel, Zeitungsseiten (vgl. Diekmann 2012, S. 588) oder auch Weblogs oder Postings (vgl. Früh 2017, S. 92).

6.2 Formen der Inhaltsanalyse

In einem weiteren Schritt ist das Kategoriensystem zu entwickeln. Wie auch bei der quantitativen Befragung „sind die Kategorien Ausprägungen der interessierenden Variablen" (Diekmann 2012, S. 589). Bei der Erstellung von Kategorien ist entsprechend – wie in Kapitel 3 bereits dargelegt – zu berücksichtigen, dass sie erschöpfend, präzise und nicht überlappend sind.

Das Kategoriensystem wird in einem sogenannten Codebuch festgehalten (vgl. Rössler 2017, S. 95 ff.). Hierbei ist sowohl auf Ausführlichkeit und Eindeutigkeit als auch auf Verständlichkeit zu achten. Zum einen geht es darum, den Forschungsprozess transparent zu gestalten, zum anderen sollen den Kodierern konkrete und präzise Anweisungen für den (möglichst objektiven) Kodierprozess an die Hand gegeben werden. Im Rahmen dieses Prozesses dokumentieren schließlich die Kodierer ihre Resultate auf einem Kodierbogen. Damit ist die Basis für weiterführende statistische Auswertungen gegeben.

Ein ausführliches und anschauliches Beispiel für eine Inhaltsanalyse im Bereich der Kulturpublikumsforschung ist zu finden in der Studie „Opernkritiker – geheime Verführer oder entfremdete Elite? Eine Inhalts- und Wirkungsanalyse von Opernrezensionen" (Schweiger 2018). Folgende Fragen zum Dreiecksverhältnis zwischen Opernschaffenden, Kritikern und dem Medien- bzw. Opernpublikum sind Gegenstand der Untersuchung:

> „1. a) Welche Dimensionen ziehen Opernkritiken zur Beschreibung und Bewertung einer Inszenierung heran? Stimmt es, dass szenische bzw. theatrale Aspekte wichtiger sind als die Musik? b) Gibt es dabei Unterschiede zwischen überregionalen Zeitungen und anderen Medien? c) Und mit welchem Gewicht gehen die einzelnen Dimensionen in das Gesamturteil einer Kritik ein?
> 2. Wie neutral urteilen Medien bzw. Opernkritiker? Lässt sich eine systematische Bevorzugung oder Benachteiligung eines bestimmten Hauses feststellen?
> 3. a) Wie häufig nutzen Opernbesucher Kritiken im Besonderen, Medienberichte im Allgemeinen sowie andere Informationsquellen vor oder nach einem Besuch und b) inwiefern fühlen sie sich davon beeinflusst?
> 4. Beeinflussen Kritiken den Publikumserfolg einer Oper?" (Schweiger 2018, S. 213).

Zur Beantwortung dieser Fragen wurden alle Opernkritiken zu Neuproduktionen der Bayerischen Staatsoper (BSO) München von 1995 bis 2004 einer quantitativen Inhaltsanalyse unterzogen. Ferner einbezogen wurden die Besucherstatistiken aus dem entsprechenden Zeitraum sowie die Befunde diverser Besucherbefragungen in mehreren Opernhäusern aus dem deutschsprachigen Raum (vgl. Schweiger 2018, S. 213). Im Folgenden soll ausschließlich der inhaltsanalytische Teil der Untersuchung von Interesse sein.

Auf der Grundlage von Fachliteratur und Gesprächen mit Theaterkritikern und Opernmachern wurde ein Katalog der wichtigsten Fakten und Bewertungskriterien zusammengestellt, „die eine Opernkritik enthalten sollte und die womöglich das Besucherverhalten beeinflussen" (Schweiger 2018, S. 215). Das Ergebnis war ein Katalog von sieben Darstellungs- und Bewertungsdimensionen: 1.) die Handlung, 2.) die Inszenierung, 3.) Bühnenbild/Ausstattung/Kostüme, 4.) die musikalische Leistung der Sänger/Sängerinnen, 5.) die schauspielerische Leistung der Sänger/Sängerinnen, 6.) die musikalische Leistung des Orchesters und 7.) die musikalische Leistung des Dirigenten/der Dirigentin (Schweiger 2018, S. 215).

Der nächste Schritt bestand in der Entwicklung eines 21-seitigen Codebuchs, das die formalen Eigenschaften der Kritiken (zum Beispiel Medium, Verfasser, Umfang) und der besprochenen Inszenierungen (zum Beispiel Werk, Bekanntheit) und die genannten Darstellungs- und Bewertungsdimensionen beinhaltete. „Für jede Dimension wurde erfasst,

a. welchen Raum sie in einer Kritik einnahm (fünfstufige Skala von 0 = ‚nicht angesprochen' bis 4 = ‚macht mehr als die Hälfte des gesamten Beitragstextes aus') und
b. ob und wie sie bewertet wurde (keine Bewertung, positiv, negativ, ambivalent)" (Schweiger 2018, S. 216).

Kodiert wurden schließlich 2.959 Beiträge aus 255 Medien. Sodann konnte auf statistischem Wege beispielsweise untersucht werden, welchen Raum die Darstellungs- und Bewertungsdimensionen in Kritiken einnehmen und wie sie die Gesamtbewertung bestimmen oder wie neutral Medien bzw. Opernkritiker urteilen (vgl. Schweiger 2018, S. 218 ff.). Ferner ergaben sich unter Einbezug der Besucherstatistiken und -befragungen vielfältige weitere Auswertungsmöglichkeiten: Exemplarisch herausgegriffen sei die Untersuchung der Frage nach dem Zusammenhang zwischen Presseecho und Sitzplatzauslastung (vgl. Schweiger 2018, S. 233 f.).

Qualitative Inhaltsanalyse

Ausgehend von der Kritik qualitativer Forscher, die Methode der quantitativen Inhaltsanalyse berücksichtige zu wenig den Kontext von Textbestandteilen, latente Sinnstrukturen, markante Einzelfälle und das, was im Text nicht vorkommt (vgl. Mayring 2016, S. 114), hat sich die qualitative Inhaltsanalyse zunehmend etablieren können. Ihr Grundgedanke ist es, Texte systematisch zu analysieren, „indem sie das Material schrittweise mit theoriegeleitet am Material entwickelten Kategoriensystemen bearbeitet" (Mayring 2016, S. 114). Damit soll eine vorschnelle intuitive Deutung bzw. oberflächliche Interpretation „aus dem Bauch heraus" vermieden werden (vgl. Glogner 2006, S. 109). Da die qualitative Inhaltsanalyse in der Kulturpublikumsforschung eher als Auswertungsmethode für qualitatives Interview- und Beobachtungsmaterial von Interesse ist, wird sie in Kapitel 10.2 ausführlich vorgestellt.

Das Experiment in der Kulturpublikumsforschung 7

„Das Experiment ist keine besondere Art der Erhebung oder des Messens sozialer Daten, sondern eine bestimmte Untersuchungsanordnung" (Atteslander 1993, S. 201). In der Kulturpublikumsforschung kommen explizit experimentell angelegte Untersuchungen bislang kaum zum Einsatz, was aus zweierlei Gründen sehr überrascht: Zum einen haben Experimentalstudien vor allem in der Psychologie sowie in der Medienpublikums-/Medienrezeptionsforschung eine lange Tradition und finden auch in der Marktforschung durchaus breite Anwendung. Hier liegen umfassende methodische Erfahrungen und Diskurse vor, von denen die Kulturpublikumsforschung profitieren könnte.[37] Zum anderen wird der Rezeption von Kultur im kulturpolitischen Diskurs – insbesondere seit dem Aufkommen der sogenannten Neuen Kulturpolitik in den 1970er Jahren mit ihren gesellschaftspolitischen Zielen – eine Vielzahl an möglichen, in der Regel positiven „Wirkungen" zugeschrieben. Die allermeisten dieser Wirkungsintentionen wurden jedoch bis heute kaum zum Gegenstand empirischer Forschung gemacht. Gerade Studien mit experimentellen Designs könnten zu aufschlussreichen Erkenntnissen führen.

Von einem experimentellen Versuchsdesign kann gesprochen werden, wenn drei Bedingungen vorliegen

„1. Es werden mindestens zwei experimentelle Gruppen gebildet.

---

[37] Eine empfehlenswerte Einführung mit Schwerpunkt auf psychologischen Experimenten liefert beispielsweise Huber (2009). Als Einstieg in die Medienwirkungsforschung bietet sich die Publikation von Bonfadelli und Friemel (2017) an. Angemerkt sei in diesem Zusammenhang, dass die Medienpublikums-/Medienrezeptionsforschung auch mit Blick auf mögliche Erkenntnisinteressen, theoretische Ansätze und weiterführende methodische Zugänge einen enormen Fundus liefert, der für die Kulturpublikumsforschung von Interesse sein kann. Zur weiterführenden Vertiefung sei zum Beispiel verwiesen auf Potthof (2016), Schenk (2007) und Wünsch et al. (2014).

© Springer Fachmedien Wiesbaden GmbH, ein Teil von Springer Nature 2019
P. Glogner-Pilz, *Kulturpublikumsforschung*, Kunst- und Kulturmanagement,
https://doi.org/10.1007/978-3-658-02148-1_7

2. Die Versuchspersonen werden den experimentellen Gruppen nach einem Zufallsverfahren zugewiesen (Randomisierung).
3. Die unabhängige Variable wird vom Forscher ‚manipuliert'.

Das Kriterium (3) besagt, dass die Forscherin oder der Forscher einen oder mehrere ‚experimentelle Stimuli' präsentiert. Im klassischen Fall eines medizinischen oder psychologischen Experiments mit zwei Gruppen wird die Stimulus-Gruppe als Versuchsgruppe (‚treatment group'), die Vergleichsgruppe als Kontrollgruppe bezeichnet. Der ‚Stimulus' X ist z. B. ein neues Medikament, während in der Kontrollgruppe ein Placebo verabreicht wird" (Diekmann 2012, S. 337).

Von zentraler Bedeutung beim Experiment ist die zufällige Zuordnung der Untersuchungsteilnehmer zur Versuchs- und Kontrollgruppe, da dadurch der Einfluss sämtlicher, auch unbekannter Drittvariablen neutralisiert werden kann: „Von Zufallsfehlern abgesehen, weisen die Drittvariablen in den Versuchsgruppen die gleiche Verteilung auf. [...] Unterschiede zwischen den Beobachtungen [...] sind dann nur noch, von Zufallsvariationen abgesehen, auf die kausalen Einflüsse der zeitlich vorhergehenden experimentellen Stimuli zurückzuführen" (Diekmann 2012, S. 339). Durch das Zufallsprinzip ist davon auszugehen, dass sowohl in der Versuchs- als auch in der Kontrollgruppe die Teilnehmerinnen und Teilnehmer hinsichtlich ihrer Bildung, ihres Geschlechts, ihres Alters etc. annähernd ausgewogen sind. Somit können Unterschiede in der Beobachtung auf den Stimulus bzw. die unabhängige Variable zurückgeführt werden.

| Versuchsgruppe | → | Stimulus | → | Beobachtung 1 |
| Kontrollgruppe | → | kein Stimulus | → | Beobachtung 2 |

Abb. 7.1 Aufbau eines Experiments

Bei der Durchführung eines Experimentes wird in der Regel auch darauf geachtet, dass es sich um einen sogenannten Blindversuch handelt, das heißt die Untersuchungsteilnehmer kennen die Untersuchungsfrage nicht und sie wissen auch nicht, ob sie zur Versuchsgruppe oder zur Kontrollgruppe gehören. Das Ziel ist die Vermeidung von Beeinflussungen. Von einem Doppelblindversuch wird gesprochen, wenn zudem die Untersuchungsleiter die Fragestellung nicht kennen. Hier geht es ebenfalls darum, mögliche – bewusste wie unbewusste – Verzerrungen zu vermeiden (vgl. Diekmann 2012, S. 338).

Experimente können im Labor oder im Feld durchgeführt werden. Laborexperimente finden in Umgebungen statt, „die eine weitgehende Ausschaltung

7 Das Experiment in der Kulturpublikumsforschung

oder Kontrolle von Störgrößen ermöglichen, die potenziell auch die abhängige Variable beeinflussen können" (Döring und Bortz 2016, S. 56). Der Vorteil liegt in der „Kontrolle untersuchungsbedingter Störvariablen" (Döring und Bortz 2016, S. 56). Entsprechende Laborsituationen wären beispielsweise Vorführungen unterschiedlicher Schnittfassungen von Filmtrailern in den Räumen eines Forschungsinstituts, bei denen Zuschauerreaktionen, wie zum Beispiel die Lautstärke des Lachens, gemessen werden soll. Demgegenüber werden Feldexperimente in einer Umgebung durchgeführt, die vom Untersucher möglichst unbeeinflusst ist (Döring und Bortz 2016, S. 56): Voraussetzung für ein Feldexperiment sind günstige Forschungsbedingungen, das heißt „die Voraussetzungen [sind] dahingehend erfüllt [...], dass zwei kontrastierende Gruppen in ihrer realen Umwelt untersucht werden können, von denen eine dem (angenommenen) Kausalfaktor ausgesetzt ist" (Atteslander 2010, S. 181).

In diesem Zusammenhang sei auch auf die Unterscheidung zwischen echten Experimenten und Quasi-Experimenten hingewiesen: Bei einem Quasi-Experiment findet keine Randomisierung statt:

> „Die Versuchspersonen werden nicht zufällig den Untersuchungsgruppen zugeordnet, sondern man arbeitet mit vorgefundenen Gruppen. Deswegen besteht im Quasi-Experiment die Möglichkeit, dass sich die Vergleichsgruppen nicht nur hinsichtlich der unabhängigen Variablen, sondern zusätzlich hinsichtlich weiterer Merkmale [...] systematisch unterscheiden. Ergeben sich in einer quasi-experimentellen Untersuchung Gruppenunterschiede in Bezug auf die abhängige Variable, so sind diese nicht eindeutig auf die unabhängige Variable zurückzuführen" (Döring und Bortz 2016, S. 199; Hervorhebung im Original).

In der Kulturpublikumsforschung ergeben sich vielfältige interessante Einsatzmöglichkeiten für experimentell und (quasi)-experimentell angelegte Studien. Für den anwendungsorientierten Bereich beispielhaft genannt sei hier eine Studie zur Optimierung des Wartebereichs vor den Kassen eines Kinocenters der UCI Kinowelt (hier und im Folgenden Schützenhöfer und Ebster 2006). Untersucht wurde die Frage, ob die empfundene Wartezeit in einer sogenannten „Single Queue" (Einlinien-Warteschlange) kürzer ist als in einer „Multiple Queue" (Mehrlinien-Warteschlange). Ferner war von Interesse, ob das Warten in einer „Single Queue" als fairer bewertet wird. Untersucht wurden diese Fragen in einem Wiener Kinocenter an zwei aufeinander folgenden Freitagen, wobei einmal das „Single Queue"-Verfahren (Stimulus) und einmal das auch sonst übliche „Multi Queue"-Verfahren zum Einsatz kamen. Nach dem Erwerb der Eintrittskarte wurden die Kinobesucher zur empfundenen Wartezeit und zur Bewertung der Fairness ihres Warteschlangesystems befragt. Der Vergleich zeigte, dass die Versuchsgruppe („Single Queue") das Warten als fairer bewertete und etwas kürzer empfand als die Kontrollgruppe („Multi Queue") (Schützenhöfer und Ebster 2006, S. 55 ff.).

Um die Möglichkeiten akademischer Forschung aufzuzeigen und zugleich ein Beispiel dafür zu geben, inwieweit Medienwirkungsforschung auch für die Kulturpublikumsforschung interessante Anregungen liefern kann, soll hier auf die Studie „Politische Kultivierung am Vorabend. Ein prolonged-exposure-Experiment zur Wirkung der Fernsehserie ‚Lindenstraße'"(Wünsch et al. 2012) verwiesen werden.

Die Studie hat das Ziel, anhand des Beispiels „Lindenstraße" zu prüfen, „ob auch fiktionale Unterhaltung politische Wirkungen beim Publikum entfalten kann" (Wünsch et al. 2012, S. 177). Ausgehend von Überlegungen im Sinne der Kultivierungsforschung wurde untersucht, „ob die Rezeption der Lindenstraße die Realitätsvorstellungen, die Einstellungen und die Verhaltensabsichten der Rezipienten beeinflusst und inwiefern dieser Einfluss von den unterschiedlichen Politikbezügen der einzelnen Folgen abhängt" (Wünsch et al. 2012, S. 177).

Zur Untersuchung dieser Frage und den aus ihr abgeleiteten Hypothesen wurden zwei Experimentalgruppen und eine Kontrollgruppe gebildet, die mit unterschiedlichen Stimuli (bzw. keinem Stimulus) konfrontiert wurden (vgl. Abbildung 7.2):

Experimentalgruppe 1 (n=59)	Stimulus 1: vier Folgen mit Bezug auf Politik im *engeren* Sinne (d. h. Folgen aus dem Vorfeld der Bundestagswahl 2005, die sich mit relevanten politischen Akteuren und dem Wahlkampf befassen)	Befragung
Experimentalgruppe 2 (n=59)	Stimulus 2: vier Folgen mit Bezug auf Politik im *weiteren* Sinne (d. h. Folgen, die Themen mit politischem Regelungsbedarf ansprechen, wie z. B. Scheinehe, Organspenden)	Befragung
Kontrollgruppe (n=54)	kein Stimulus: es existieren keine Folgen ohne Politikbezug	Befragung

Abb. 7.2 Aufbau des Experiments

Im Anschluss an die Rezeption füllten die Probanden einen Fragebogen aus, der zum einen Items zur Überprüfung der Hypothesen (Einfluss auf politische Vorstellungen, Einfluss auf politische Einstellungen, Einfluss auf politisches Verhalten) umfasste, der zum anderen aber auch intervenierende Variablen (z. B. politisches Interesse, Rezeptionsmodus) erfasste (vgl. Wünsch et al. 2012, S. 177). Ohne an dieser Stelle auf die vielfältigen Ergebnisse eingehen zu können, kann festgehalten werden, dass eine Reihe der Wirkungsvermutungen bestätigt werden konnte (vgl. Wünsch et al. 2012 187 ff.).

Auch wenn entsprechende Ansätze oder Studien aus der Medienpublikums-/Medienrezeptionsforschung sicherlich nicht immer „eins zu eins" auf Kulturpublika übertragen werden können, zeigt sich an diesem Beispiel das große Potenzial, um die vielfältigen Wirkungen, die der Rezeption von Kultur seitens der Kulturpolitik und der Kulturellen Bildung zugeschrieben werden, einer empirischen Betrachtung und kritischen Prüfung zu unterziehen.

Die Stichprobenziehung 8

8.1 Grundlagen

Je nach Untersuchungsziel sowie zur Verfügung stehenden finanziellen und personellen Ressourcen für eine Studie stellt sich die Frage, über welchen Personenkreis aus der Besucherschaft einer Kulturinstitution Erkenntnisse gewonnen werden sollen. Bezogen auf ein Theater können das die Besucher in ihrer Gesamtheit sein, es ist aber auch eine Fokussierung der Nicht-Besucher oder eine Beschränkung auf ausgewählte Besuchergruppen denkbar. Abbildung 8.1 verdeutlicht die Vielzahl an möglichen Zielgruppen für eine Untersuchung am Beispiel eines Theaters.

Unabhängig davon, ob sich das Erkenntnisinteresse auf das Gesamtpublikum oder nur auf bestimmte Teilgruppen einer Institution bezieht, wird es jedoch nur in seltenen Fällen möglich sein, alle Publikumsangehörigen oder alle Angehörigen einer Teilgruppe in eine Untersuchung einzubeziehen und beispielsweise einen Fragebogen auszuhändigen. In der Regel ist es aus zeitlichen, finanziellen und personellen Kosten notwendig, eine Auswahl an Personen zu treffen, die untersucht werden soll.

Aus der sogenannten Grundgesamtheit wird eine Stichprobe (es wird auch von „sample" gesprochen) gezogen. „Unter Grundgesamtheit ist diejenige Menge von Individuen, Fällen, Ereignissen zu verstehen, auf die sich die Aussagen der Untersuchung beziehen sollen und die im Hinblick auf die Fragestellung und die Operationalisierung vorher eindeutig abgegrenzt werden muss" (Kromrey et al. 2016, S. 256). Zum Beispiel kann man alle Besucher eines Museums, alle Abonnenten eines Opernhauses oder alle Einwohner einer Kommune als Grundgesamtheit definieren. Bei der Ziehung einer Stichprobe muss nun beachtet werden, dass diese ein möglichst genaues, verkleinertes Abbild der Grundgesamtheit darstellt. Um zu gewährleisten, dass die Ergebnisse aus der Untersuchung dieser Stichprobe (zum Beispiel einer Befragung von 2000 Wählern zu ihrem Abstimmungsverhalten) auch auf die Grundgesamtheit (tatsächliches Endergebnis der Wahlen) übertragen werden

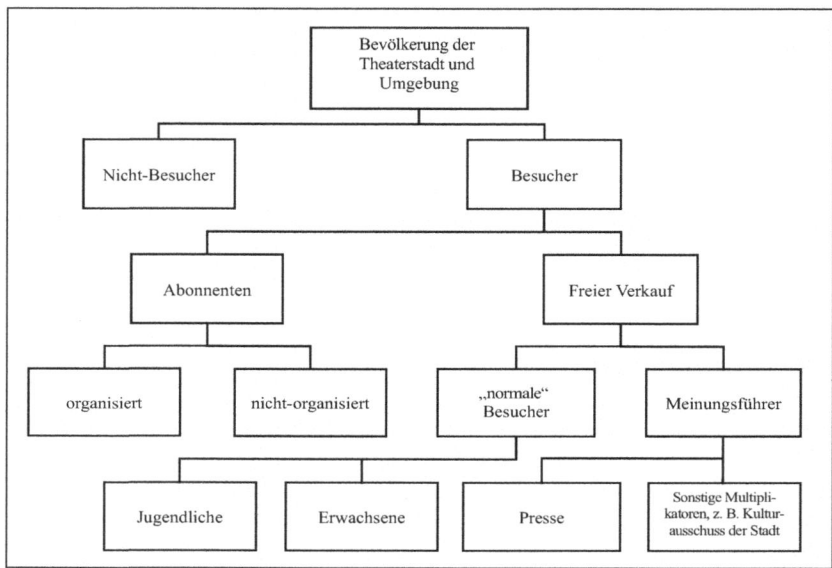

Abb. 8.1 Zielgruppen von Besucherbefragungen (Butzer-Strothmann et al. 2001, S. 17)

können, muss die Auswahl nach den Regeln bestimmter Stichprobenverfahren erfolgen. „Ein Stichprobenverfahren ist charakterisierbar durch eine explizite Vorschrift, die festlegt, in welcher Weise Elemente der Grundgesamtheit ausgewählt werden. Die Anzahl der ausgewählten Elemente ist der *Stichprobenumfang*" (Diekmann 2012, S. 378). Eine Auswahl an Stichprobenverfahren wird im Folgenden vorgestellt.

8.2 Stichprobenverfahren

Stichprobenverfahren kommen zur Anwendung, wenn keine Vollerhebung möglich ist. Von einer *Vollerhebung* wird gesprochen, wenn alle Elemente einer Grundgesamtheit untersucht werden. Ein Beispiel ist die Evaluation eines Volkshochschulkurses, bei der alle Kursteilnehmer befragt werden. Erfolgt eine Auswahl aus der Grundgesamtheit, so spricht man von einer *Teilerhebung*. Bei einer Teilerhebung darf die Auswahl nicht willkürlich (vgl. Abbildung 8.2) – zum Beispiel aufgrund von Sympathie oder Erreichbarkeit der Personen – erfolgen, sondern muss nach festen Regeln geschehen, um unzulässige Verzerrungen zu vermeiden.

8.2 Stichprobenverfahren

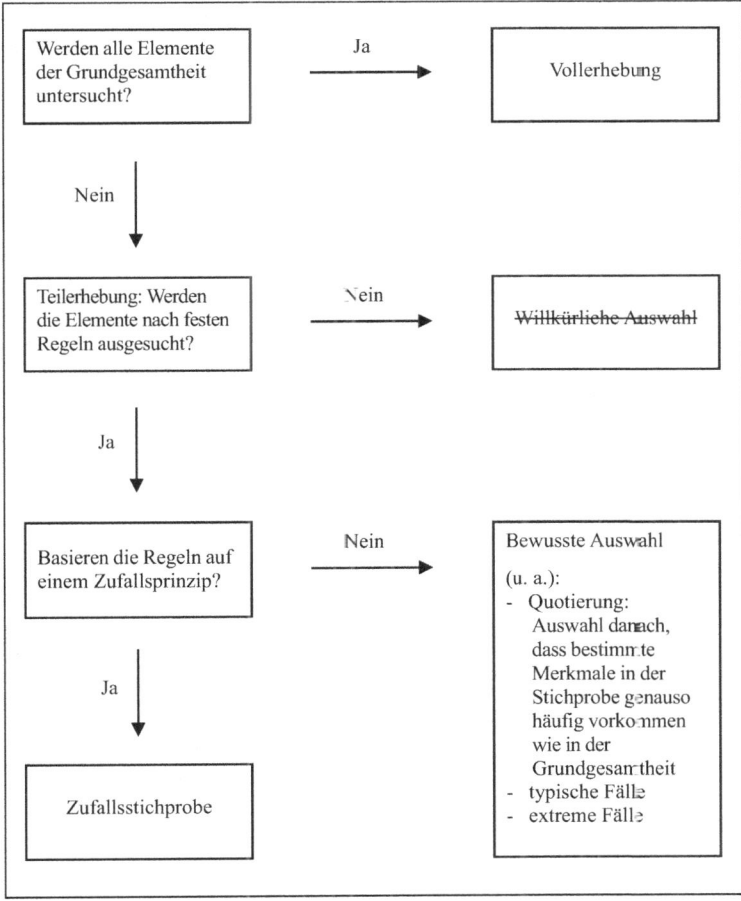

Abb. 8.2 Modell Voll- und Teilerhebungen (vgl. Klein 2011a, S. 144; Schnell et al. 2013, S. 260)

Ein mögliches Verfahren ist die Ziehung einer Zufallsstichprobe: Bei einer Zufallsstichprobe „hat jede Untersuchungseinheit die gleiche Chance, in die Stichprobe einbezogen zu werden. Durch die zufällige Auswahl lassen sich mithilfe der Wahrscheinlichkeitstheorie Aussagen über die wahrscheinlichkeitsbehaftete Gültigkeit der Ergebnisse machen" (Atteslander 2010, S. 274). Beispiele sind die Ziehung der Lottozahlen oder die Auswahl von Adressen aus einer Kundendatenbank per Zufallsgenerator.[38] Sehr oft im Kulturbereich praktiziert, streng genommen aber keine Zufallsauswahl (vgl. Diekmann 2012, S. 382), ist die Vorgehensweise, jede x-te (beispielsweise jede siebte oder jede zehnte) Person in die Untersuchung einzubeziehen, die eine Kultureinrichtung betritt. Bei einer Mitgliederbefragung eines Kulturvereins wäre dementsprechend denkbar, jede achte Person aus der Mitgliederkartei auszuwählen und anzuschreiben. Zu bedenken ist jedoch, dass in entsprechenden Listen möglicherweise Zyklen existieren, die zu Verzerrungen führen können (Diekmann 2012, S. 382). Deshalb ist es zu empfehlen, eine solche Liste per Zufall neu zu sortieren, bevor die Auswahl getroffen wird.

„Erstreckt sich die Zufallsauswahl über mehrere Ebenen, spricht man von einer mehrstufigen Zufallsauswahl" (Diekmann 2012, S. 385). Bei telefonischen Interviews kann beispielsweise auf der ersten Ebene der Haushalt zufällig bestimmt werden, auf der zweiten Ebene wird dann die Zielperson aus dem Haushalt per Zufall ausgewählt (vgl. Kapitel 4.2).[39]

Ein weiteres Stichprobenverfahren[40], bei dem die Auswahl im Unterschied zur Zufallsstichprobe jedoch *bewusst* erfolgt, ist die Quotierung:

> „Eine Quote ist eine Merkmalsverteilung, beim Merkmal Geschlecht z. B. 54 % Frauen und 46 % Männer. Man versucht nun, eine Stichprobe derart zu konstruieren, dass die Quoten in der Stichprobe im Hinblick auf die ausgewählten Merkmale (z. B. Geschlecht, Alter, Berufsstellung und Region) den Merkmalsverteilungen in der Grundgesamtheit entsprechen. Das Ziel besteht darin, auf diese Weise eine Stichprobe zu konstruieren, die ein verkleinertes Abbild der Grundgesamtheit darstellt und somit eben die Grundgesamtheit ‚repräsentiert'" (Diekmann 2012, S. 390 f.).

Als Beispiel lässt sich die Befragung der Abonnenten eines Drei-Sparten-Theaters anführen, das verschiedene Abonnementschienen hat (zum Beispiel Premieren-Abonnement, Jugend-Abonnement, Opern-Abonnement, Schauspiel-Abon-

---

38 Hier nicht vertieft werden kann die Frage, warum es möglich ist, auf der Grundlage einer zufälligen Auswahl von Personen aus einem Publikum Aussagen über das Gesamtpublikum zu treffen. Zu empfehlen ist die leicht verständliche Broschüre „Die Stichprobe: warum sie funktioniert" sowie die interaktive Einführung „Demo Stichprobe" des Schweizer Bundesamtes für Statistik (Download der Dateien unter: https://www.bfs.admin.ch/bfs/de/home/statistiken/kataloge-datenbanken/publikationen.assetdetail.342116.html; Abruf: 8. März 2018).

39 Eine ausführliche Beschreibung zur Vorgehensweise ist zu finden bei Diekmann (2012, S. 384 ff.).

40 Auf Verfahren der Stichprobenziehung wie die Klumpenstichprobe oder die geschichtete Zufallsstichprobe kann an dieser Stelle nicht eingegangen werden (vgl. zum Beispiel Friedrichs 1990, S. 130 ff. und Diekmann 2012, S. 387 ff.).

nement, …). Zunächst muss ermittelt werden, wie sich die Abonnenten auf die verschiedenen Angebote prozentual verteilen. In der Stichprobe muss sich dann das gleiche Zahlenverhältnis widerspiegeln. Ein weiteres Merkmal könnte das Alter sein, das in den diversen Abonnements möglicherweise unterschiedlich ist. Als dritter Aspekt wäre das Geschlecht denkbar, weil bestimmte Angebote unter Umständen eher von Frauen, andere eher von Männern nachgefragt werden. Alle diese Merkmale müssen nun in der Stichprobe in gleicher prozentualer Verteilung wie in der Grundgesamtheit auftauchen.

An diesem Beispiel wird deutlich, dass es bei einer Quotenauswahl einer Vielzahl statistischer Vorab-Informationen bedarf. Ist dies bei Abonnenten durch eine gute Datenbank noch gewährleistet, ist die Auswahl durch Quotierung beispielsweise bei einem Pop-Konzert kaum möglich, da die Tickets in der Regel im freien Verkauf ohne nähere Angaben zur Person erworben werden. Darüber hinaus zeigt das Beispiel, dass die Erstellung einer Quotierung bzw. eines Quotenplans schnell sehr komplex werden kann, wenn mehr als drei oder vier Merkmale berücksichtigt werden sollen.

Die bisher vorgestellten Stichprobenverfahren werden in erster Linie in quantitativen Untersuchungszusammenhängen angewendet. Wie gestaltet sich aber die Stichprobenziehung in Kontext einer qualitativen Studie? Im Rahmen qualitativer Forschung richtet sich „das Interesse weniger auf die zahlenmäßige Verteilung bestimmter Merkmale als auf die Erkenntnis wesentlicher und typischer Zusammenhänge, die sich an einigen wenigen Fällen aufzeigen lassen, unabhängig davon, wie häufig diese Merkmalskombination vorkommt" (Lamnek und Krell 2016, S. 177). Deshalb wird in qualitativen Publikums- und Besucherstudien zum Beispiel der Weg einer bewussten Auswahl typischer oder extremer Fälle beschritten:[41]

- Die Gruppe der typischen Fälle „soll Merkmalsträger aufweisen, die besonders charakteristisch für alle Merkmalsträger in der Grundgesamtheit stehen" (Brosius et al. 2016, S. 73). Die Frage, was an einem Merkmalsträger „typisch" ist, muss der Wissenschaftler aufgrund seiner Vorkenntnisse und Hypothesen beantworten (vgl. Brosius et al. 2016, S. 72). Denkbar wäre beispielsweise eine vertiefte Untersuchung mit einer Auswahl typischer Stammgäste einer Institution.
- „Extremfälle sind […] als solche definiert, von denen sich der Forscher besonders detaillierte Informationen zu einem bestimmten, zumeist wenig erforschten

---

41 In der qualitativ ausgerichteten akademischen Sozialforschung existieren weitere, methodologisch ausführlich begründete Auswahlverfahren, auf die hier jedoch nicht weiter eingegangen werden kann. Zumindest verwiesen werden soll jedoch auf das Verfahren des „Theoretical Sampling", das im Zuge der sehr bedeutsamen Grounded Theory (Strauß und Corbin 1996; Glaser und Strauß 1998) entwickelt wurde.

Untersuchungsgebiet erhofft, weil die zu untersuchenden Merkmale in besonders extremer Ausprägung vorliegen" (Brosius et al. 2016, S. 73). Will man zum Beispiel erfahren, warum das Publikum in der Beurteilung eines Theaterstücks sehr gespalten ist, könnte man Personen mit einer besonders positiven und einer besonders negativen Einschätzung der Inszenierung auswählen.

Eine Frage, die in Zusammenhang mit der quantitativen Stichprobenziehung hier noch zu klären ist, betrifft deren Umfang:

„Allgemein gilt […] die Regel, daß die Größe der Stichprobe abhängig ist vom Grad der Heterogenität der Grundgesamtheit. Mit anderen Worten: Je mehr Variablen wie Alter, Geschlecht, Konfession, Familienstand, Ausbildung, Beruf, Wohnort usw. in die Untersuchung einbezogen werden, desto mehr Personen müssen befragt werden" (Henecka 1994, S. 153 f.).

Möchte man zum Beispiel die Meinungen von 14- bis 15-jährigen Hauptschülern zum Stadttheater mit den Meinungen von 14- bis 15-jährigen Gymnasiasten vergleichen, benötigt man eine ausreichende Anzahl an Personen in jeder Gruppe, um zu aussagekräftigen Daten zu gelangen. Nach Möglichkeit sollten bei entsprechenden Vergleichen auf der Basis von Zufallsstichproben mindestens 30 Personen in jeder Vergleichsgruppe vorhanden sein (vgl. Schöneck und Voß 2005, S. 76). Eine hilfreiche Orientierung bei der Entscheidung über die Stichprobengröße liefert Alemann (1977, S. 91):[42]

„• 2000 Personen (Einheiten): repräsentative Stichprobe einer heterogenen, umfangreichen Bevölkerung, angebracht bei einer Untersuchung mit offener Themenstellung, die auch detaillierte Analysen von Detailgruppen erlaubt.
- 1000 Personen: repräsentative Stichprobe für eine Untersuchung mit spezifischer Themenstellung und verminderter Möglichkeit der Teilgruppenbildung.
- 500 Personen: repräsentative Stichproben von spezifischen (homogenen) Grundgesamtheiten (Berufsgruppen, regionale Spezifizierung) und mit spezifischer Fragestellung (z. B. Hypothesentest) der Untersuchung.
- 100-200 Personen: repräsentative Stichprobe von sehr spezifischen Grundgesamtheiten (einzelne Berufe) mit eingeschränkter, sehr spezifischer Fragestellung, wobei in der Auswertung weitgehend auf Teilgruppenaufgliederung verzichtet werden muß" (Alemann 1977, S. 91).

---

42 Nach der Festlegung, wie präzise eine stichprobenbasierte Schätzung sein soll, lässt sich der notwendige Stichprobenumfang berechnen. Umfassende Erläuterungen sind beispielsweise bei Döring und Bortz (2016) zu finden.

Obgleich diese Empfehlungen sehr nützlich sind, muss darauf hingewiesen werden, dass mit dem hier mehrmals verwendeten Begriff der „Repräsentativität" vorsichtig umgegangen werden sollte. Stichproben können nie die Vielzahl an möglichen Merkmalskombinationen einer Grundgesamtheit vollständig repräsentieren (Diekmann 2012, S. 430). Hinzu kommt, dass gerade bei anwendungsorientierten Publikumsstudien, die „in Eigenregie" durchgeführt werden, meist nur die Mindestanforderungen eines Stichprobenverfahrens Berücksichtigung finden, jedoch nicht die Präzision möglich ist, wie in professionellen Forschungskontexten. Statt von einer repräsentativen Stichprobe zu sprechen, sollte stattdessen nachvollziehbar begründet werden, welches Verfahren gewählt und wie bei der Umsetzung konkret vorgegangen wurde.

8.3 Mögliche Fehlerquellen und Umgang mit Non-Response

Ebenso wie bei den bisher vorgestellten Erhebungsmethoden existieren auch bei der Stichprobenziehung eine Reihe möglicher Fehlerquellen, die Verzerrungen der Untersuchungsergebnisse zur Folge haben können (zum Folgenden Atteslander 2010, S. 277 f.):

- So können Verfälschungen entstehen, weil die Stichprobe nur aus einem Teil der Grundgesamtheit und nicht aus der kompletten Grundgesamtheit gezogen wurde. Beispielsweise kann mit Hilfe eines Telefonbuches keine Stichprobe aus der Gesamtbevölkerung einer Kommune gezogen werden, da mit der zunehmenden Verbreitung des Mobilfunks v. a. jüngere Personen keinen Festnetzanschluss mehr haben (vgl. Kapitel 4.2).
- Darüber hinaus besteht eine systematische Fehlergefahr, wenn die Auswahl der Stichprobe nicht zufällig erfolgt. Bei einer Befragung von Passanten um 12 Uhr in einer Fußgängerzone dürften zum Beispiel Schüler, Rentner und Arbeitslose über- und Berufstätige unterrepräsentiert sein.
- Schließlich kommt es vor, dass für bestimmte Untersuchungseinheiten keine Messwerte erhoben werden. „Dies trifft z. B. bei mündlichen Befragungen zu, bei denen Personen nicht angetroffen werden oder sich nicht äußern wollen, oder noch häufiger bei schriftlichen Interviews, bei denen die Rücklaufquote oft gering ist" (Atteslander 2010, S. 277). Man spricht hier von dem sogenannten Non-Response. So sind alleinstehende Personen zwischen 20 und 30 Jahren aufgrund ihres aktiven Berufs- und Freizeitlebens nur sehr schwer zu erreichen

und in telefonischen wie postalischen Bürgerbefragungen zum kommunalen Kulturangebot erfahrungsgemäß häufig unterrepräsentiert.

Auf den zuletzt genannten Punkt des Non-Response soll hier ausführlicher eingegangen werden. Um allzu große Verzerrungen durch Non-Response zu vermeiden, sollte dieser so gering wie möglich gehalten werden. Hierzu gibt es verschiedene Maßnahmen, die auf der einen Seite zwar mit einem nicht geringen Mehraufwand verbunden sind, deren Einsatz auf der anderen Seite aber die Bereitschaft zur Teilnahme an einer Untersuchung erheblich erhöhen und auch einen Rücklauf von über 40 Prozent ermöglichen können. Folgende Empfehlungen seien hier gegeben:

- *Persönliche Ansprache*: Es sollte immer versucht werden, potenzielle Untersuchungsteilnehmer direkt anzusprechen bzw. persönlich – das heißt mit Namen – anzuschreiben und ihnen kurz darzulegen, warum eine Mitwirkung wichtig ist. Ein alleiniges Auslegen von Fragebögen im Foyer oder ein bloßer Aushang mit der Bitte um Teilnahme an einer Studie wirken in der Regel kaum motivierend.
- *Zeitlicher Rahmen*: Der zeitliche Aufwand für die Teilnahme an einer Untersuchung muss angemessen sein. Zum Beispiel sollte eine Befragung vor Veranstaltungsbeginn oder in der Pause 15 Minuten nicht überschreiten. Demgegenüber kann ein qualitatives Interview mit Mitgliedern eines Freundeskreises sicherlich mehr Zeit beanspruchen. In jedem Fall sollte den potenziellen Untersuchungsteilnehmern die zu erwartende Dauer vorab mitgeteilt werden.
- *Garantie der Anonymität*: Um die Teilnahmebereitschaft zu erhöhen, sollten die Untersuchungsteilnehmer nach Möglichkeit nicht ihre Namen, Adressen, Telefonnummern oder E-Mail-Adressen angeben müssen. Werden diese Angaben trotzdem erhoben, sind unbedingt die datenschutzrechtlichen Vorschriften zu beachten.
- *Frankierter Rückumschlag*: Bei der postalischen Versendung eines Fragebogens sollte unbedingt ein adressierter und frankierter Rückumschlag beigelegt werden, um den Aufwand für die angeschriebenen Personen so gering wie möglich zu halten. Zudem sollte das Anschreiben vom Leiter oder einem Mitarbeiter des Untersuchungsteams von Hand unterschrieben werden.
- *Nichterreichbarkeit der Probanden*: Erreicht man eine Zielperson bei der ersten Kontaktaufnahme nicht – zum Beispiel bei einer telefonischen Befragung –, sollten weitere Versuche zu anderen Zeitpunkten unternommen werden.
- *Geschenke*: Nicht zu unterschätzen ist die Wirkung kleiner Geschenke wie zum Beispiel ein Kugelschreiber oder ein Getränk im Museumscafé, um zur Teilnahme zu motivieren. Verschenkt man bei einer Fragebogenerhebung Kugelschreiber, ist zudem dafür gesorgt, dass alle Befragten auch etwas zum Schreiben haben.

Bedacht werden sollte jedoch, dass die Geschenke nicht so attraktiv sein dürfen, dass eine Person sich heimlich öfters an der Untersuchung beteiligt, um mehrmals zu profitieren.
- *Preisausschreiben*: Denkbar ist auch der Einsatz von Preisausschreiben, wobei in diesem Fall wieder das Problem der Anonymität besteht. Dieses kann man jedoch durch einen abtrennbaren Adresscoupon lösen, der gesondert abgegeben wird.

Der Pretest und letzte Vorbereitungen   9

Auch wenn das Erhebungsinstrument entwickelt und die Entscheidungen über das Stichprobenverfahren getroffen wurden, sind gleichwohl noch nicht alle Vorbereitungen abgeschlossen. Vor der eigentlichen Durchführungsphase ist – wie bereits in Kapitel 3.1 angedeutet – unbedingt ein Pretest durchzuführen. Mit dem Pretest soll herausgefunden werden, ob sich das Erhebungsinstrument und alle Planungen für die Feldarbeit in der Praxis bewähren. Darüber hinaus wird überprüft, ob die vorgesehenen Auswertungsverfahren umsetzbar sind. Der Pretest mag auf den ersten Blick sehr aufwändig und überflüssig erscheinen, auf ihn sollte jedoch auf keinen Fall verzichtet werden. Erfahrungsgemäß wird in dieser Phase noch einmal ein Nachbesserungsbedarf deutlich, der bei Nichtberücksichtigung eine empirische Studie schnell zum Scheitern bringen kann.

Idealerweise teilt man den Pretest in zwei Schritte ein. Zunächst prüft man das Erhebungsinstrument, indem man es Kollegen, Stammbesuchern oder Vertrauenspersonen, die der Institution nahestehen bzw. die für die Fragestellung interessant sind, vorlegt und offen diskutiert. Hier werden in der Regel bereits eine Reihe aufschlussreicher Rückmeldungen, Korrekturvorschläge und Denkanstöße gegeben. Sind diese eingearbeitet, wird mit dem zweiten Schritt begonnen. Unter möglichst authentischen Bedingungen erfolgt eine kleine Testerhebung, das heißt mit einer Auswahl an Personen – je nach Zielsetzung der Studie sind das Besucher, Nicht-Besucher oder besondere Zielgruppen – werden die geplanten Interviews, schriftlichen Befragungen oder Beobachtungen durchgeführt. Im Rahmen quantitativer Studien sollten ca. zehn bis zwanzig Personen berücksichtigt werden, bei qualitativen Studien mit geringen Fallzahlen genügen entsprechend nur ca. drei bis fünf Personen.

Im Anschluss an die Erhebung werden die Teilnehmer sodann um ihre Einschätzung in Bezug auf die eingesetzte Methode und den situativen Rahmen gebeten. Von Interesse sind beispielsweise folgende Punkte:

- Wurden aus Sicht der Teilnehmer wichtige Fragen oder Themen vergessen oder werden bestimmte Aspekte als überflüssig betrachtet?
- Ist das Erhebungsinstrument insgesamt verständlich?
- Sind alle Frageformulierungen nachvollziehbar? Wurden Antwortmöglichkeiten vermisst?
- Wie haben die Teilnehmer die Erhebung empfunden? Haben sie sich wohl gefühlt? Waren sie verunsichert? Hatten sie das Gefühl, beeinflusst zu werden?
- Wie haben die Teilnehmer die zeitliche Dauer der Erhebung empfunden?

In Bezug auf den letzten Punkt sei ergänzt, dass der Untersuchungsleiter natürlich die zeitliche Dauer jedes Pretests erfassen sollte. So kann dann der tatsächliche zeitliche Umfang mit der subjektiven Einschätzung der Teilnehmer verglichen werden, um zu entscheiden, ob eine Kürzung des Erhebungsinstrumentes notwendig ist oder möglicherweise sogar noch weitere Aspekte, die von Interesse sind, aufgenommen werden können.

Findet die eigentliche Erhebung in einer Kulturinstitution statt, ist im Vorfeld unbedingt noch einmal eine Ortsbegehung notwendig. Entschieden werden muss beispielsweise, wo die Helfer positioniert werden, um die Besucher anzusprechen, wo man einen Informationsstand aufstellt, an dem der Untersuchungsleiter für Rückfragen seitens des Publikums zur Verfügung steht oder wo die Fragebögen aktiv eingesammelt werden sollen. Auch hier können unvorhergesehene Ereignisse auftreten, die entscheidend für den Erfolg einer Studie sind. Beispielsweise kam es schon vor, dass Besucher darum gebeten wurden, die Fragebögen beim Verlassen des Hauses abzugeben. Jedoch dachte niemand daran, dass ein Großteil der Besucher den Notausgang nutzt, an dem keine Helfer positioniert waren.

Darüber hinaus empfiehlt es sich, die im Pretest erhobenen Daten auch in dem vorgesehenen Auswertungsprogramm zu erfassen (vgl. Kapitel 10) und probeweise einer ersten Analyse zu unterziehen. So kann zum Beispiel ermittelt werden, ob die interessierenden Zusammenhänge überhaupt überprüfbar sind, ob sich die vorgesehenen statistischen Verfahren umsetzen lassen oder ob der zeitliche und personelle Rahmen für eine angemessene Auseinandersetzung und Kategorisierung des qualitativen Datenmaterials ausreichend ist.

Ein wichtiger Aspekt bei der Vorbereitung ist schließlich noch die Auswahl und Schulung des Personals für die Durchführungs- und Auswertungsphase. Wie deutlich geworden ist, hängt die Beteiligung von Besuchern an einer Studie sowie die Qualität der Ergebnisse im hohen Maße davon ab, wie das Untersuchungspersonal die Zielpersonen anspricht und wie zuverlässig es sich an die vorgegebenen Instruktionen bei Interviews und Beobachtungen hält. Insofern sollten bei der Planung von Publikumsstudien folgende Punkte beachtet werden:

9 Der Pretest und letzte Vorbereitungen

- Eingesetzt werden sollten grundsätzlich nur Personen, die überdurchschnittlich zuverlässig und gründlich arbeiten; bei einer Interviewertätigkeit müssen zusätzlich einwandfreie Umgangsformen vorausgesetzt werden.
- Wenn Kulturinstitutionen eigenständig eine Publikumsbefragung oder Besucherbeobachtung durchführen, sollten diese nicht durch die eigenen, festangestellten Mitarbeiter erfolgen. Auf der einen Seite besteht die Möglichkeit, dass diese sich sehr mit der Einrichtung identifizieren, auf der anderen Seite kann aber auch eine sehr kritische Haltung gegenüber dem eigenen Haus nicht ausgeschlossen werden. In beiden Fällen besteht die Gefahr einer bewussten wie unbewussten Beeinflussung der Untersuchungsteilnehmer bzw. das Problem der selektiven Wahrnehmung.
- Für das Personal muss eine angemessene Honorierung einkalkuliert werden. Auf keinen Fall sollte eine Bezahlung nach Anzahl der geführten Interviews oder der in das Auswertungsprogramm eingegebenen Datensätze erfolgen. Dadurch wird zwar schneller gearbeitet, jedoch meist auf Kosten der Sorgfalt und damit der Qualität der Untersuchung. Man spricht hier auch von dem Problem des „quick-and-dirty".
- Das Personal muss zudem umfassend über das Untersuchungsvorhaben informiert sein. Darüber hinaus ist eine Schulung für die konkrete Durchführung der Interviews und Beobachtungen unerlässlich. Dabei sollte auch verbindlich festgelegt werden, wie beispielsweise mit Rückfragen oder Beschwerden umgegangen wird.

Die Auswertung 10

10.1 Quantitativ-statistische Analysen

Für die quantitative Auswertung von Publikumsstudien steht eine nahezu unüberschaubare Zahl an Verfahren zur Verfügung, von denen jedoch nur die wenigsten ohne fundierte Statistik-Kenntnisse sinnvoll anwendbar sind. Da viele Prozeduren an bestimmte Voraussetzungen gebunden sind und sich auch die Ergebnisse in der Regel nicht ohne ein tieferes statistisches Verständnis interpretieren lassen, muss deshalb bei komplexeren Auswertungen in jedem Falle ein Experte beratend hinzugezogen werden. Gleichwohl stehen aber auch eine Reihe einfache Auswertungsmöglichkeiten zur Verfügung – zum Beispiel die Berechnung von Häufigkeiten, Prozentwerten, Mittelwerten etc. –, die mithilfe mathematischer Grundkenntnisse sowie entsprechender Software, wie zum Beispiel Excel, SPSS[43] oder GrafStat[44], in der Regel ohne größere Schwierigkeiten angewandt werden können. Bevor im Folgenden eine kleine Einführung in die wesentlichen Aspekte der quantitativen Auswertung erfolgt, sollen aber zunächst einige Literaturhinweise für Einsteiger gegeben werden.

Obgleich es ein großes Angebot an Literatur zu statistischen Auswertungsverfahren und Softwareprogrammen gibt, sind verständliche Publikationen für Laien und Praktiker eher selten. Aufgrund ihrer vielfältigen Praxisbeispiele und konkreten Softwareanleitungen seien empfohlen:

---

43 SPSS (ursprünglich bedeutet die Abkürzung „Statistical Package for the Social Sciences") ist ein umfangreiches Programm für statistische Datenanalysen. Für ausführliche Informationen sei verwiesen auf: http://www.spss.com

44 GrafStat ist eine in Zusammenarbeit mit der Bundeszentrale für politische Bildung entwickelte Software zur Erstellung von Fragebögen und einfachen Auswertung von Umfragen. Ausführliche Informationen sind zu finden unter: http://www.grafstat.de

- Duller (2013): „Einführung in die Statistik mit EXCEL und SPSS: Ein anwendungsorientiertes Lehr- und Arbeitsbuch"
- Zwerenz (2015): „Statistik: Einführung in die computergestützte Datenanalyse"

Umfassende Nachschlagewerke zur Vertiefung und für spezielle Fragestellungen sind:

- Brosius (2013): „SPSS 21"
- Diehl und Kohr (2004): „Deskriptive Statistik"
- Diehl und Arbinger (2001): „Einführung in die Inferenzstatistik"

Um im Anschluss an die Erhebung mit der Dateneingabe beginnen zu können, muss zuvor in einem der bereits genannten Auswertungsprogramme eine Datenmaske angelegt werden. In einer Datenmaske werden in der Regel in den Spaltenüberschriften die Variablen aufgeführt, in den Zeilen werden die jeweiligen Fälle eingetragen.

Tab. 10.1 Dateneingabe in Auswertungsprogramm

Variablen Befragte	Var. 1: Geschlecht	Var. 2: Alter	Var. 3: Häufigkeit der Angebotsnutzung	Var. 4: Interesse an Kunst und Kultur
Befragte/r 1	1	31	6	3
Befragte/r 2	2	19	3	3
Befragte/r 3	2	71	4	1
Befragte/r 4	1	45	7	3
Befragte/r 5	1	36	5	4
Befragte/r 6	1	36	5	3
Befragte/r 7	1	36	5	5

Wie bereits in Kapitel 3.4 erläutert, werden allen Merkmalsausprägungen der Variablen Zahlen zugeordnet. Im Falle des Beispiels in Tabelle 10.1 wäre das bei der Variable Geschlecht eine „1" für „weiblich" und eine „2" für „männlich". Es empfiehlt sich, diese Definitionen nicht nur innerhalb der Auswertungsprogramme

10.1 Quantitativ-statistische Analysen

vorzunehmen, sondern sich darüber hinaus auch ein sogenanntes „Code-Book" anzulegen, in dem

- die Kurzüberschriften der Variablen in den Spalten des Auswertungsprogrammes und der ausführliche Fragetext,
- die jeweiligen Zahlenzuordnungen sowie
- die Skalierungsart (Nominalskala, Ordinalskala, Intervallskala, Ratioskala) dokumentiert sind.

Eine solche Übersicht ist insbesondere bei umfassenderen Erhebungen mit einer Vielzahl an Variablen ein hilfreiches Nachschlagewerk bei der Dateneingabe und bei der Auswertung.

Ist die Datenmaske erstellt, kann mit der Eingabe des Datenmaterials begonnen werden. Da bei der manuellen Eingabe der Daten schnell (Tipp-)Fehler entstehen können, ist vor Beginn der Auswertung auf jeden Fall eine stichprobenartige Fehlerkontrolle durchzuführen. Folgende Fehler lassen sich relativ leicht erkennen (Diekmann 2012, S. 666):

1. Werte außerhalb der vorgesehenen Codeziffern („wild codes"): wenn zum Beispiel der Wert „3" bei der Variable Geschlecht eingetragen ist, die nur die Werte „1" und „2" vorsieht.
2. unplausible Werte („outlier", Ausreißer): wenn zum Beispiel der Wert „300" bei der Frage nach der „Theaterbesuchshäufigkeit im letzten Jahr" auftaucht.
3. inkonsistente Werte: wenn zum Beispiel bei einer Person als Alter 17 Jahre angegeben ist, sie aber schon einen Hochschulabschluss hat.

Wurden die eingegebenen Daten überprüft und korrigiert, kann mit der Berechnung der Häufigkeiten fortgefahren werden. Um einen Überblick über das gewonnene Datenmaterial und erste Ergebnisse zu bekommen, ist es empfehlenswert, für jede Variable zunächst eine Tabelle zu erstellen, die folgende Angaben erhält (vgl. Tabelle 10.2):

- Variablenname und Merkmalsausprägungen
- absolute Häufigkeit
- Prozent
- gültige Prozente (wird berechnet durch Ausschluss der fehlenden Werte)
- kumulierte absolute Häufigkeit (wird berechnet durch Addition der Häufigkeiten)
- kumulierte Prozente (wird berechnet durch Addition der Prozentwerte)

Tab. 10.2 Tabellarische Darstellung von absoluten Häufigkeiten und Prozentwerten

Variable: Häufigkeit Angebotsnutzung	Wert	Absolute Häufigkeit	Prozent	Gültige Prozente	Kumulierte absolute Häufigkeit[45]	Kumulierte Prozente
fast nie	1	114	19,1	19,6	114	19,6
1x/pro Jahr	2	21	3,5	3,6	135	23,2
2x/pro Jahr	3	74	12,4	12,7	209	36,0
4x/pro Jahr	4	176	29,4	30,3	385	66,3
1x/pro Monat	5	121	20,2	20,8	506	87,1
2x/pro Monat	6	59	9,9	10,2	565	97,2
1x/pro Woche	7	13	2,2	2,2	578	99,5
häufiger	8	3	0,5	0,5	581	100,0
Keine Angaben	99	17	2,8			
		Σ = 598	Σ = 100	Σ = 100		

Je nach Skalenniveau der Variablen können darüber hinaus auch verschiedene Maße der zentralen Tendenz ermittelt werden. Hier interessieren uns der Modus, der Median und das arithmetische Mittel:

- „Der *Modus* oder Modalwert einer Verteilung wird durch die Kategorie mit der größten Kategorienhäufigkeit bestimmt. Als Modus wird die Kategorienmitte dieser Kategorie angenommen. Bei einer diskreten Variablen, bei der keine Kategorien gebildet wurden, ist der Modus der am häufigsten vorkommende Wert. Für kontinuierliche Variablen ist der Modus *keine* sinnvolle Maßzahl" (Atteslander 2010, S. 262).
- „Der *Median* ist der Wert, der eine Häufigkeitsverteilung in zwei gleich große Hälften teilt (d. h. ‚über' und ‚unter' dem Median befinden sich gleichviel Beobachtungswerte)" (Atteslander 2010, S. 263). Voraussetzung ist, dass mindestens eine Ordinalskala vorliegt.
- „Das *arithmetische Mittel* als gebräuchlichstes Maß der zentralen Tendenz gibt das an, was umgangssprachlich als ‚Durchschnitt' bezeichnet wird" (Atteslander 2010, S. 263). Erforderlich ist hier ein Intervallskalenniveau. Berechnet wird der Mittelwert wie folgt: $\bar{x} = (x_1 + x_2 + x_3 + \ldots + x_n) / n$

In Tabelle 10.1 ist das „Interesse an Kunst und Kultur" von sieben Personen festgehalten, die sich auf einer Skala von „1 = sehr interessiert" bis „5 = nicht interessiert"

---

[45] Lesebeispiel für den Wert 209 (36 Prozent): 209 Befragte (36 Prozent) nutzen das Angebot zweimal jährlich oder seltener.

10.1 Quantitativ-statistische Analysen

äußern konnten. Die Werte lauten: 1, 3, 3, 3, 3, 4, 5. Der Modus ist der Wert 3, der Median ebenfalls der Wert 3 und das arithmetische Mittel der Wert 3,1.

Eine weitere Maßzahl, die hier Erwähnung finden soll, ist die Standardabweichung. Die Standardabweichung ist ein Maß, das angibt, „wie stark die Merkmalsausprägungen um einen Mittelwert streuen" (Atteslander 2010, S. 262). Die Standardabweichung wird aus der Wurzel der Varianz berechnet. Die Varianz wiederum wird ermittelt, „indem die quadrierten Abweichungen der einzelnen Messwerte vom Mittelwert aufsummiert werden und durch die Anzahl der Werte geteilt wird" (Atteslander 2010, S. 264).[46] Berechnet man die Standardabweichung für das obige Beispiel „Interesse an Kunst und Kultur", erhält man den Wert s = 1,2. Hätten die Befragten nun nicht die Werte 1, 3, 3, 3, 3, 4, 5 angegeben, sondern 1, 1, 1, 4, 5, 5, 5 so wäre das arithmetische Mittel ebenfalls = 3,1. Die Standardabweichung würde sich dann aber auf den Wert s = 1,9 belaufen und damit anzeigen, dass die Streuung hier größer wäre (bzw. dass das Interesse und Nicht-Interesse stärker polarisiert wäre).

Nachdem die Häufigkeiten und Maße der zentralen Tendenz für alle Variablen ermittelt wurden, kann mit der Untersuchung von Zusammenhängen zwischen Variablen fortgefahren werden. Aufgrund der vielfältigen Möglichkeiten mit höchst unterschiedlichen Komplexitätsgraden kann auch hier nur ein kleiner Einblick am Beispiel von Kreuztabellen und Mittelwertvergleichen gegeben werden.[47]

Zusammenhänge zwischen nominal- oder ordinalskalierten Daten können über *Kreuztabellen* ermittelt werden. Ein Beispiel wäre die Untersuchung der Frage, über welche Informationsmedien/-wege unterschiedliche Altersgruppen in der Regel auf Kulturangebote aufmerksam werden.[48] Hierzu kann die Frage gestellt werden: „Wie werden Sie in der Regel auf Kulturveranstaltungen aufmerksam? (Mehrfachnennungen möglich)". Mögliche Antwortoptionen sind: Berichte/Kritiken/Inserate in Tageszeitungen, Hinweise von Familie/Freunden/ Bekannten, Spielpläne/Flyer/Plakate der Einrichtungen, Radio/Fernsehen, Internet/E-Mail, Anregungen durch Schule/Bildungseinrichtungen, Sonstige.

---

46 Die Formel für die Standardabweichung lautet (Atteslander 2010, S. 264):
$$s = \sqrt{1/n \, [(x_1 - \bar{x})^2 \times f_1 + (x_2 - \bar{x})^2 \times f_2 + \ldots + (x_n - \bar{x})^2 \times f_n]}$$
Anschauliche und nachvollziehbare Beispiele zur Berechnung sind bei Atteslander (2010, S. 264f.) und Diekmann (2012, S. 678 ff.) zu finden. Auswertungsprogramme wie SPSS oder Excel ermöglichen die Berechnung der Standardabweichung ohne vertiefte Vorkenntnisse.

47 Ausführliche weiterführende Informationen sind zu finden bei Döring und Bortz (2016).

48 Die folgenden Ergebnisbeispiele sind entnommen aus einem kommunalen Beratungsprojekt, in dessen Rahmen auch eine Bürgerbefragung stattfand.

Tab. 10.3 Beispiel für eine Kreuztabelle

Wie werden Sie in der Regel auf Kulturveranstaltungen aufmerksam? (Mehrfachnennungen möglich)	Altersgruppen				Gesamt
	bis 30 Jahre	31-50 Jahre	51-65 Jahre	älter als 65 Jahre	
Berichte/Kritiken/Inserate in Tageszeitungen	88	218	136	69	511
	65,2 %	93,6 %	93,2 %	92,0 %	86,8 %
Hinweise von Familie/ Freunden/Bekannten	101	164	103	41	409
	74,8 %	70,4 %	70,5 %	54,7 %	69,4 %
Spielpläne/Flyer/Plakate der Einrichtungen	96	166	106	40	408
	71,1 %	71,2 %	72,6 %	53,3 %	69,3 %
...					
Gesamt	135	233	146	75	589

Tabelle 10.3 zeigt, dass die Informationsquellen je nach Altersgruppenzugehörigkeit der Befragten eine ganz unterschiedliche Relevanz haben. So geben „nur" 65,2 Prozent der bis 30-Jährigen an, über *Berichte/Kritiken/Inserate in Tageszeitungen* auf Kulturveranstaltungen aufmerksam zu werden, während es bei den übrigen Altersgruppen jeweils über 90 Prozent sind. Demgegenüber spielen die *Hinweise von Familie/Freunden/Bekannten* sowie die *Spielpläne/Flyer/Plakate der Einrichtungen* bei den ab 66-Jährigen mit 54,7 Prozent bzw. 53,3 Prozent eine vergleichsweise deutlich geringere Rolle, während diese bei den drei anderen Altersgruppen durchweg von über 70 Prozent als Quelle der Aufmerksamkeit genannt werden.

Eine weitere Möglichkeit der Untersuchung von Zusammenhängen zwischen Variablen bieten *Mittelwertvergleiche*. Hier ist es notwendig, dass die abhängige Variable intervallskaliert ist (vgl. Kapitel 3.4). Als Beispiel angeführt sei die Untersuchung von zentralen Nutzungs*barrieren* in Bezug auf Kulturveranstaltungen. Ausgehend von der Frage „Welches sind die Hauptgründe, wenn Sie sich gegen den Besuch von Kulturveranstaltungen entschließen?" wurden den Untersuchungsteilnehmern acht Aussagen vorgelegt, die über eine fünfstufige Antwortskala von *1=trifft nicht zu* bis *5=trifft voll zu* bewertet werden konnten. Hohe Mittelwerte signalisieren demnach Zustimmung, niedrige Mittelwerte bedeuten Ablehnung. In Tabelle 10.4 sind die Nutzungsbarrieren wiederum in Abhängigkeit des Alters dargestellt.

10.1 Quantitativ-statistische Analysen

Tab. 10.4 Beispiel für einen Mittelwertvergleich

Welches sind die Hauptgründe, wenn Sie sich gegen den Besuch von Kulturveranstaltungen entschließen?	bis 30 Jahre	31-50 Jahre	51-65 Jahre	älter 65 Jahre
Ich bevorzuge andere Freizeitaktivitäten.	3,81	3,34	3,18	2,86
Ich habe zu wenig Freizeit.	3,37	3,60	3,04	1,77
Mir sind die Kulturangebote/-veranstaltungen zu teuer.	2,69	2,37	2,44	2,39
Die Kulturangebote/-veranstaltungen interessieren mich nicht.	2,48	2,11	1,88	2,16
Ich habe niemanden, der/die mit mir zu Kulturveranstaltungen geht.	2,13	1,88	1,76	2,26
Ich fühle mich im kulturellen Umfeld grundsätzlich nicht wohl.	2,14	1,82	1,87	1,88
Die Veranstaltungs-/Öffnungszeiten sind für mich unpassend.	2,09	1,86	1,74	1,98
Die Kulturangebote/-veranstaltungen sind für mich schlecht zu erreichen.	1,62	1,49	1,50	1,93

Es geben vor allem die bis 30-Jährigen anderen Freizeitaktivitäten den Vorzug ($\bar{x}$ = 3,81). Dieser Grund nimmt zwar mit zunehmenden Alter ab (bis hin zu $\bar{x}$ = 2,86 bei den über 65-Jährigen), es ist jedoch zu beachten, dass er gleichwohl auch noch der Hauptgrund der ältesten Gruppe ist. Die Barriere der mangelnden Freizeit ist v. a. bei den bis 30-Jährigen ($\bar{x}$ = 3,37) und den 31-50-Jährigen ($\bar{x}$ = 3,60) sowie tendenziell bei den 51-65-Jährigen ($\bar{x}$ = 3,04) gegeben, während sie erwartungsgemäß für die ab 66-Jährigen ($\bar{x}$ = 1,77) keine Rolle spielt. Keine auffälligen Differenzen zeigen sich bei der Aussage „Mir sind die Kulturangebote/-veranstaltungen zu teuer." Mangelndes Interesse wird von allen Altersgruppen tendenziell eher nicht als Barriere angegeben, es fällt aber auf, dass die Zustimmung der bis 30-Jährigen mit einem Mittelwert von $\bar{x}$ = 2,48 im Vergleich am höchsten ist.

Zur Untersuchung von Zusammenhängen zwischen zwei intervallskalierten Variablen sei zudem auf die Möglichkeit der *Korrelationsanalysen* verwiesen. Diese Auswertungsform soll hier jedoch nicht weiter vertieft werden, da ihr Einsatz ohne weiterführende statistische Grundkenntnisse bzw. fachkundige Beratung als nicht sinnvoll erachtet wird.[49]

Abschließend sei ferner bemerkt, dass hier nur auf Möglichkeiten der *deskriptiven Statistik* (bzw. beschreibenden Statistik) eingegangen wurde. Diese zielt darauf ab, „die in einem Datensatz enthaltenen Informationen möglichst übersichtlich darzustellen, so dass ‚das Wesentliche' schnell erkennbar wird" (Kromrey et al. 2016, S. 394). Es können jedoch nur Aussagen über die Fälle getroffen werden, für die tatsächlich Daten erhoben wurden. Demgegenüber beschränkt sich die *Inferenzstatistik* (bzw. schließende Statistik) nicht auf die Beschreibung der in einer Untersuchung erhobenen Datenmenge: Sie „hat zum Ziel, von den bei einer begrenzten Zahl von Fällen gefundenen Ergebnissen auf eine größere Gesamtheit zu schließen, das heißt ausgehend von Stichprobenwerten verallgemeinernde Schlussfolgerungen zu ziehen" (Kromrey et al. 2016, S. 394). Da weiterführende Erläuterungen – wenn sie nicht verkürzt sein sollen – eine grundlegende Einführung in die Wahrscheinlichkeitsrechnung notwendig machen würde, kann auch hier lediglich auf die bereits zu Beginn dieses Kapitels genannte Fachliteratur verwiesen werden.

10.2 Qualitative Inhaltsanalyse

Ebenso wie bei den quantitativ-statistischen Auswertungsverfahren stehen auch für qualitative Analysen vielfältigste Zugänge und Möglichkeiten zur Verfügung. Dementsprechend schreibt Tesch (1992, S. 43):

> „,Qualitative Analyse' existiert im Singular nur als Oberbegriff. Im konkreten Forschungsalltag gibt es fast so viele qualitative Analysen wie Forscher. Obwohl einige methodische Vorbilder vorhanden sind, die nachgeahmt werden können, decken sich nur selten die Forschungsziele und individuellen Arbeitsweisen zweier Forscher. Im Grunde erfindet jeder seine eigene Form der Analyse."

Aus dieser Vielfalt gleichwohl exemplarisch herausgegriffen sei die qualitative Inhaltsanalyse, die sich besonders im Kontext teilstandardisierter Erhebungen bewährt hat. Zudem ist sie auch für anwendungsorientierte Forschung praktikabel. Anschauliche Übersichten und Einführungen zu weiteren qualitativen Analysemöglichkeiten – beispielsweise zur gegenstandsbezogenen Theoriebildung

---

[49] Das Gleiche gilt für multivariate Auswertungen. Verwiesen sei beispielsweise auf Bortz und Schuster (2010) sowie Backhaus (2008).

10.2 Qualitative Inhaltsanalyse

oder zur objektiven Hermeneutik – sind zu finden bei Lamnek und Krell (2016), Friebertshäuser et al. (2010) und Mayring (2016).

Auch im Rahmen qualitativer Auswertungen müssen zunächst die erhobenen Daten erfasst und aufbereitet werden. Üblicherweise werden über die aufgezeichneten Interviews oder Beobachtungssequenzen Transkriptionen angefertigt. Da es eine Vielzahl an Transkriptionsverfahren mit unterschiedlichen Genauigkeitsgraden gibt, muss im Vorfeld der Transkription eine Entscheidung über ein den Forschungsfragen angemessenes Verfahren getroffen werden (vgl. Flick 2012, S. 379 ff.; Langer 2010). Daraufhin sind verbindliche Regeln zur Transkriptionsdurchführung festzulegen. Bei der Untersuchung von Kulturpublika ist in der Regel der Inhalt – das „Was" und nicht das „Wie" des Gesagten – von vorrangigem Interesse ist. Deshalb ist es meist auch nicht notwendig, eine maximale Genauigkeit der Transkription zu erzielen, indem beispielsweise Gesprächspausen zehntelsekundengenau gemessen oder Dialekte aussprachegetreu wiedergegeben werden. Zur Orientierung seien folgende Regeln empfohlen (vgl. Glogner 2005, S. 106 f.), die sich teilweise an Mayring (2015, S. 57) und Schmidt (1997, S. 546) anlehnen:

- Die Interviews werden im Transkript vollständig und wörtlich wiedergegeben.
- Sprachfüllsel wie „äh" etc. werden nicht in das Transkript aufgenommen.
- Dialekte und sprachliche Abweichungen werden aus Gründen der Lesbarkeit in orthographisch korrektes Schriftdeutsch übertragen, da diese für die Analyse und Interpretation nicht von Interesse sind.
- Direkt aufeinander folgende Wortwiederholungen werden aus Gründen der Lesbarkeit nicht aufgeführt. Beispiel: „Kultur, *das* ist …" statt „Kultur, *das, das* ist …".
- Unverständliche Passagen werden in eckigen Klammern „[unverständlich]" als solche gekennzeichnet.
- Bei Pausen von mindestens drei Sekunden, die langes Überlegen des Interviewpartners signalisieren, wird ein Gedankenstrich in eckigen Klammern „[–]" eingefügt.
- Auffälligkeiten im Interview, die für die Analyse und Interpretation von Bedeutung sein können, wie zum Beispiel Räuspern, Lachen oder Wut werden in eckigen Klammern aufgeführt.
- Der Interviewer wird auf dem Transkript mit „I" kenntlich gemacht, die Interviewpartner werden mit „P" für Proband und einer darauf folgenden Nummer, die der Unterscheidung zwischen den Probanden dient, abgekürzt.
- Personennamen und Städtenamen werden anonymisiert, in dem sie durch die Benennung einer entsprechenden Überkategorie und einem Buchstaben zur Differenzierung ersetzt werden: anstelle von Berlin zum Beispiel *Stadtname A*, anstelle des Musikers Klaus-Peter Mustermann *Musikername C* etc.

- Wird der Interviewer oder der Interviewpartner mitten im Satz unterbrochen, so werden die jeweiligen Unterbrechungen mit drei Punkten „..." markiert.

Liegen die Transkriptionen vor, kann mit der Analyse fortgefahren werden. Als Auswertungsverfahren ausführlicher vorgestellt werden soll hier die qualitative Inhaltsanalyse. Erinnert sei zunächst noch einmal an ihren Grundgedanke, auf den bereits in Kapitel 6.2 eingegangen wurde: Es geht darum, Texte systematisch zu analysieren, indem das Material schrittweise mit theoriegeleitet am Material entwickelten Kategoriensystemen bearbeitet wird (Mayring 2016, S. 114).[50] Drei Grundformen der qualitativen Inhaltsanalyse lassen sich unterscheiden:

- „Zusammenfassung: Ziel der Analyse ist es, das Material so zu reduzieren, dass die wesentlichen Inhalte erhalten bleiben, durch Abstraktion einen überschaubaren Corpus zu schaffen, der immer noch Abbild des Grundmaterials ist.
- Explikation: Ziel der Analyse ist es, zu einzelnen fraglichen Textteilen (Begriffen, Sätzen, ...) zusätzliches Material heranzutragen, das das Verständnis erweitert, das die Textstelle erläutert, erklärt, ausdeutet.
- Strukturierung: Ziel der Analyse ist es, bestimmte Aspekte aus dem Material herauszufiltern, unter vorher festgelegten Ordnungskriterien einen Querschnitt durch das Material zu legen oder das Material aufgrund bestimmter Kriterien einzuschätzen" (Mayring 2015, S. 67).

Zunächst wird auf die *Zusammenfassung* eingegangen. Um große Textmengen – im Zuge qualitativer akademischer Publikumsforschung können schnell mehrere Hundert Seiten Interviewmaterial entstehen – auf ein überschaubares Maß mit den wesentlichen Inhalten bzw. Aussagen zu reduzieren, schlägt Mayring (2015, S. 72) folgende Vorgehensweise vor:

Z1: *Paraphrasierung*
Z1.1 Streiche alle nicht (oder wenig) inhaltstragenden Textbestandteile wie ausschmückende, wiederholende, verdeutlichende Wendungen!
Z1.2 Übersetze die inhaltstragenden Textstellen auf eine einheitliche Sprachebene!
Z1.3 Transformiere sie auf eine grammatikalische Kurzform!

---

50 Neben dem Grundlagenwerk von Mayring (2015) liegen inzwischen auch einige sehr praxisnahe Publikationen zur qualitativen Inhaltsanalyse vor. Empfohlen seien zum Beispiel Kuckartz (2016) sowie Mayring und Gläser-Zikuda (2008).

10.2 Qualitative Inhaltsanalyse

Z2: *Generalisierung auf das Abstraktionsniveau*
Z2.1 Generalisiere die Gegenstände der Paraphrase auf die definierte Abstraktionsebene, sodass die alten Gegenstände in den neuformulierten impliziert sind!
Z2.2 Generalisiere die Satzaussagen (Prädikate) auf die gleiche Weise!
Z2.3 Belasse die Paraphrasen, die über dem angestrebten Abstraktionsniveau liegen!
Z2.4 Nimm theoretische Vorannahmen bei Zweifelsfällen zu Hilfe!

Z3: *Erste Reduktion*
Z3.1 Streiche bedeutungsgleiche Paraphrasen innerhalb der Auswertungseinheiten!
Z3.2 Streiche Paraphrasen, die auf dem neuen Abstraktionsniveau nicht als wesentlich inhaltstragend erachtet werden!
Z3.3 Übernehme die Paraphrasen, die weiterhin als zentral inhaltstragend erachtet werden (Selektion)!
Z3.4 Nimm theoretische Vorannahmen bei Zweifelsfällen zu Hilfe!

Z4: *Zweite Reduktion*
Z4.1 Fasse Paraphrasen mit gleichem (ähnlichem) Gegenstand und ähnlicher Aussage zu einer Paraphrase (Bündelung) zusammen!
Z4.2 Fasse Paraphrasen mit mehreren Aussagen zu einem Gegenstand zusammen (Konstruktion/Integration)!
Z4.3 Fasse Paraphrasen mit gleichem (ähnlichem) Gegenstand und verschiedener Aussage zu einer Paraphrase zusammen (Konstruktion/Integration)!
Z4.4 Nimm theoretische Vorannahmen bei Zweifelsfällen zu Hilfe!

Beispielsweise kann eine Aussage in einem Interviewtranskript wie „*Also wissen Sie, ich bin eigentlich schon immer, seit meiner Jugend, wahnsinnig gerne und sehr, sehr oft, manchmal dreimal die Woche ins Theater gegangen*" zunächst folgendermaßen paraphrasiert werden (Z1): „*schon immer, seit der Jugend sehr gerne und oft ins Theater gegangen*". Je nach gewähltem Abstraktionsniveau kann nun beispielsweise folgende Generalisierung vorgenommen werden (Z2): „*immer gerne und oft Theater besucht*". Tauchen ähnliche Paraphrasierungen an verschiedenen

Stellen auf, kann schließlich die erste und ggf. die zweite Reduktion (Z3 und Z4) durchgeführt werden.[51] Während die zusammenfassende Inhaltsanalyse das Material reduziert, wird bei der *Explikation* der entgegengesetzte Weg beschritten: „Zu einzelnen interpretationsbedürftigen Textstellen wird zusätzliches Material herangetragen, um die Textstelle zu erklären, verständlich zu machen, zu erläutern, zu explizieren" (Mayring 2015, S. 90). Ziel ist es, auf systematische Weise weitere Quellen hinzuzuziehen. Unterschieden werden kann hierbei

- „der enge Textkontext als die direkten Bezüge im Text, also das direkte Textumfeld der interpretationsbedürftigen Stelle; solche Texte können definierend/erklärend, ausschmückend/beschreibend, beispielgebend/Einzelheiten aufführend, korrigierend/modifizierend oder auch antithetisch/das Gegenteil beschreibend zur fraglichen Textstelle stehen;
- der weite Textkontext als die über den Text hinausgehenden Informationen über Textverfasser, Adressaten, Interpreten, kulturelles Umfeld; auch nonverbales Material und Informationen können hier eingehen" (Mayring 2016, S. 118).

Die zentralste inhaltsanalytische Technik ist jedoch die *Strukturierung* mithilfe eines Kategoriensystems, das an das Material herangetragen wird (vgl. Mayring 2015, S. 97). Der Ablauf ist in Abbildung 10.1 dargestellt. Zunächst müssen die Analyseeinheiten festgelegt werden: Unterschieden wird zwischen der *Kodiereinheit* (der kleinste Materialbestandteil, der kodiert werden darf), der *Kontexteinheit* (der größte Textbestandteil, der unter eine Kategorie fallen kann) und der *Auswertungseinheit* (die Festlegung, welche Textteile nacheinander ausgewertet werden) (Mayring 2015, S. 61). Sodann werden – abgeleitet aus der Fragestellung und theoretisch begründet – die *Strukturierungsdimensionen* bestimmt, wobei meistens noch eine weitere Differenzierung in einzelne Ausprägungen und die Zusammenstellung in einem *Kategoriensystem* bzw. einem Kodierleitfaden erfolgt (Mayring 2015, S. 97). Folgende Schritte sind dabei zu beachten:

1. „Definition der Kategorien
   Es wird genau definiert, welche Textbestandteile unter eine Kategorie fallen.

---

51 Ein sehr umfassendes Beispiel, bei dem alle zusammenfassenden Schritte detailliert erläutert werden, ist zu finden bei Mayring (2015, S. 73 ff.); vgl. auch Mayring und Gläser-Zikuda (2008).

10.2 Qualitative Inhaltsanalyse

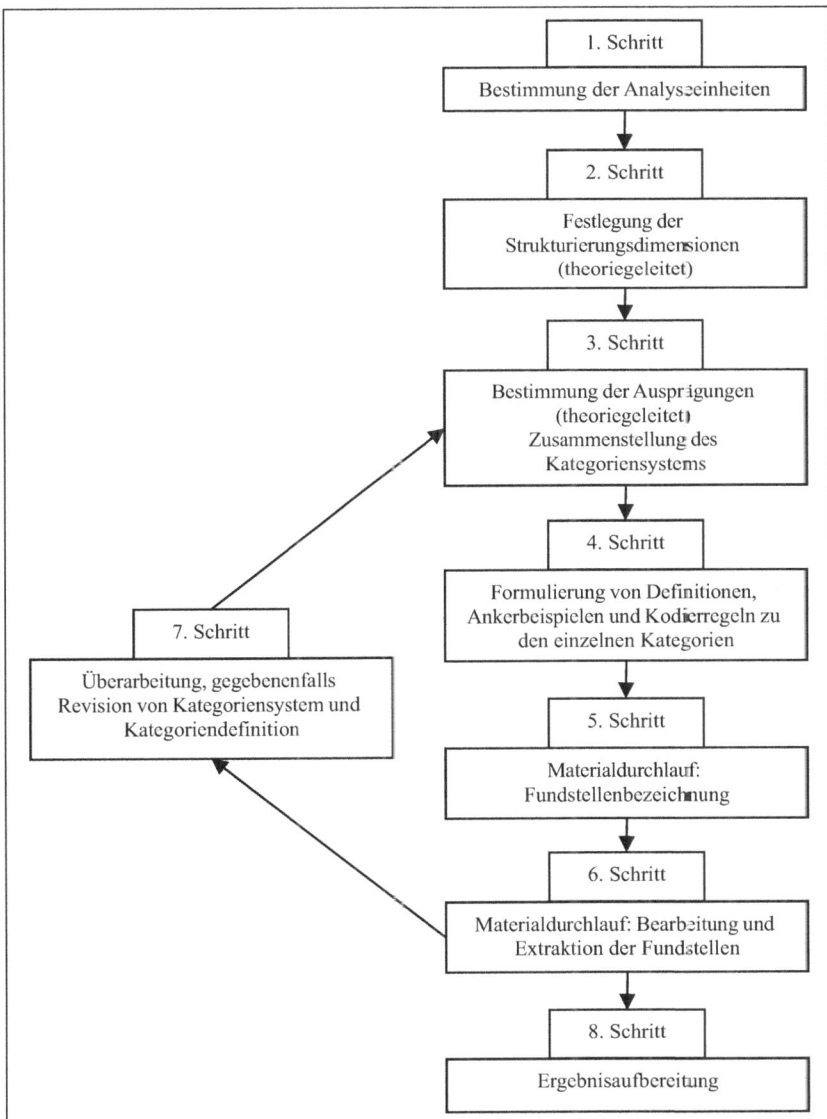

Abb. 10.1 Ablaufmodell strukturierender Inhaltsanalyse (allgemein) (Mayring 2015, S. 98)

2. Ankerbeispiele
Es werden konkrete Textstellen angeführt, die unter eine Kategorie fallen und als Beispiele für diese Kategorie gelten sollen.
3. Kodierregeln
Es werden dort, wo Abgrenzungsprobleme zwischen Kategorien bestehen, Regeln formuliert, um eindeutige Zuordnungen zu ermöglichen" (Mayring 2015, S. 97).

Es ist beispielsweise denkbar, dass in einer Publikumsstudie Theaterbesucher danach gefragt werden, was sie an anderen Besuchern als besonders störend empfinden. Alle Aussagen zu dieser Frage können nun der Strukturierungsdimension „Störend an anderen Besuchern" zugeordnet werden. Es ist weiter anzunehmen, dass verschiedene Besucher sehr unterschiedliche Dinge als störend wahrnehmen. Eine mögliche Ausprägung wäre beispielsweise die Kategorie „Gesellschaftliche Aufwertung". Tabelle 10.5 zeigt exemplarisch den Aufbau eines entsprechenden Kodierleitfadens.

Tab. 10.5 Beispiel für Kodierleitfaden

Kurzbezeichnung	Auswertungskodierung und Beispiele
Störend_Gesell_Aufw.	Gesellschaftliche Aufwertung: zum Beispiel „wenn Menschen nur ins Theater gehen, weil sie gesehen werden möchten"; „wenn das Theater zur gesellschaftlichen Aufwertung genutzt wird"; „wenn der Theaterbesuch nur dazu genutzt wird, um mitreden zu können".

In der Regel wird bei einem ersten Probedurchgang durch das Material überprüft, ob die Kategorien passend sind (vgl. Mayring 2015, S. 97). Der Probedurchgang geschieht in zwei Schritten:

1. Findet man Textstellen im Material, die zur Kategorie passen, werden diese durch eine Kurzbezeichnung am Rande markiert und/oder mit verschiedenen Farben unterstrichen (Mayring 2015, S. 97 ff.).
2. Sodann werden die markierten Fundstellen „je nach Ziel der Strukturierung bearbeitet und aus dem Text herausgeschrieben" (Mayring 2015, S. 99).

10.2 Qualitative Inhaltsanalyse

Nach dem ersten Probelauf ist normalerweise eine Überarbeitung des Kategoriensystems notwendig. Erst danach wird mit dem Durchlauf durch das Hauptmaterial begonnen, der wiederum in den beiden beschriebenen Schritten abläuft.[52]

Können kleinere qualitative Studien unter Umständen noch mit ausgedruckten Interviewtranskripten, Farbstiften und handschriftlichen Randnotizen einer Analyse unterzogen werden, kann beim Vorliegen umfangreicheren Datenmaterials – wie auch bei quantitativen Auswertungen – auf Computerunterstützung kaum verzichtet werden. Bei größeren Studien sollte deshalb der Einsatz von qualitativen Auswertungsprogrammen wie beispielsweise MAXQDA (vgl. http://www.maxqda.de) oder ATLAS.ti (vgl. http://www.atlasti.com/de) erwogen werden, die mit ihren vielfältigen und benutzerfreundlichen Funktionen eine erhebliche Arbeitserleichterung bieten (vgl. auch den Überblick bei Mayring 2016, S. 138 f.). Umfassende, verständliche und praxisnahe Einblicke in die Möglichkeiten computerunterstützter qualitativer Auswertung sind zum Beispiel zu finden bei:

- Kuckartz, Udo (2016): „Qualitative Inhaltsanalyse. Methoden, Praxis, Computerunterstützung"
- Kuckartz (2010): „Einführung in die computerunterstützte Analyse qualitativer Daten"

Bisher wurde immer wieder darauf hingewiesen, wie notwendig eine systematische und nachvollziehbare Vorgehensweise bei der Untersuchungskonzeption, -durchführung und -auswertung ist. Zudem kann es gerade bei der Interpretation des Datenmaterials hilfreich sein, wenn während einer Studie ein Forschungstagebuch geführt wurde. In diesem Forschungstagebuch können Verweise, Literatur, spontane Ideen, besondere Ereignisse oder Überlegungen zur Untersuchung notiert werden: „Dies ist freilich noch kein Protokoll im engeren Sinne, zumal weder systematisch vorgegangen wird noch sich der Inhalt auf das Beobachtete unmittelbar beziehen muss. Der Nutzen solch persönlicher Aufzeichnungen ist eher in Kontrolle und Ergänzung zu sehen: als Gedächtnisstütze und Verständnishilfe" (Lamnek und Krell 2016, S. 577).

---

52 Vgl. weiterführend zu den verschiedenen Formen strukturierender Inhaltsanalyse Mayring (2015, S. 99 ff.).

Schlussbemerkung 11

Ziel der vorliegenden Einführung war es, einen anwendungsorientierten Überblick über die wesentlichen Grundlagen und Methoden der empirischen Publikumsforschung zu geben. Erläutert wurden zentrale Begrifflichkeiten, der Ablauf empirischer Besucherforschungsprojekte sowie die im Kontext von Kulturmanagement, Kulturpolitik und Kulturvermittlung wichtigsten Erhebungsinstrumente der Besucherforschung. Darüber hinaus wurden ausgewählte Möglichkeiten der Datenauswertung vorgestellt. Gezeigt werden sollte dabei einerseits, dass übertriebene „Berührungsängste" gegenüber der Besucherforschung unberechtigt sind. Andererseits sollte aber auch deutlich geworden sein, dass eine Besucherstudie nicht „auf die Schnelle" oder „nebenher" geplant und durchgeführt werden kann, sondern einer klaren Zielorientierung sowie einer gründlichen, reflektierten Vorbereitung bedarf, um zu verlässlichen Erkenntnissen zu gelangen. Der damit verbundene Aufwand mag auf den ersten Blick sehr umfassend und möglicherweise sogar unverhältnismäßig erscheinen. Erinnert sei jedoch daran, dass die Ergebnisse aus dieser Analysephase eine wesentliche Grundlage für die daraufhin zu treffenden strategischen und operativen Entscheidungen sind – und solche Entscheidungen sollten bekanntlich nicht auf wackligen Beinen stehen.

Darüber hinaus war es aber auch das Ziel, zu einem vermehrten Forschungsengagement in Hinblick auf das Kulturpublikum zu ermuntern. Auf der einen Seite gibt es zwar vielfältigste Aktivitäten von Kultureinrichtungen, deren Erkenntnisinteresse sich aber – aus nachvollziehbaren Gründen – meist auf die Zufriedenheit und die soziodemografische Zusammensetzung „ihrer" Besucher beschränkt. Auf der anderen Seite gibt es auch in akademischen Kontexten des Kulturmanagements, der Kulturpolitik und der Kulturvermittlung durchaus einige bedeutsame Forschungsprojekte und Tagungen. Anders als beispielsweise in der medienwissenschaftlich ausgerichteten Publikumsforschung fehlt bislang gleichwohl eine umfassende Grundlagenforschung bzw. ein *breiter* und *kontinuierlicher* Austausch über Theorien, Methoden und Erkenntnisse der Publikumsforschung.

Ein Grund hierfür ist sicherlich in der forschungsmethodischen Ausbildung zu suchen: Während beispielsweise die Soziologie, die Psychologie und die (Massen-)Kommunikationswissenschaften der Forschungsmethodik ein sehr großes Gewicht einräumen, beschränken sich die methodischen Lehrveranstaltungen in kulturmanagerialen, kulturpolitischen und kulturpädagogischen Studienangeboten meist auf Einführungen. Wünschenswert wäre, dass hinausgehend über solche ersten Grundlagen – wie sie auch dieses Buch letztlich nur vermitteln konnte – zukünftig mehr als bisher die fundierten Kompetenzen und Erfahrungen der empirischen Sozialforschung in der Kulturpublikumsforschung berücksichtigt werden. An vielen Stellen der vorliegenden Publikation wurden deshalb weiterführende Literaturhinweise gegeben. Diese Hinweise sind als Anregung zu verstehen, mit dem Ende dieses Buches die Lektüre zu diesem vielfältigen und interessanten Thema noch nicht abzuschließen. Zugleich ist damit die Hoffnung verbunden, dass sich hieraus neue Erkenntnisinteressen und methodische Zugänge ergeben – genügend offene und relevante Fragestellungen für umfassende Forschungen über das Kulturpublikum sind in jedem Fall gegeben.

Literatur

Alemann, H. v. (1977). *Der Forschungsprozess: eine Einführung in die Praxis der empirischen Sozialforschung*. Stuttgart: Teubner.
Atteslander, P. (2010). *Methoden der empirischen Sozialforschung* (13. neu bearb. u. erw. Aufl.). Berlin: Erich Schmidt.
Atteslander, P. (1993). *Methoden der empirischen Sozialforschung* (7., bearb. Aufl.). Berlin: de Gruyter.
Backhaus, K. (2008). *Multivariate Analysemethoden: eine anwendungsorientierte Einführung* (12., vollst. überarb. Aufl.). Berlin: Springer.
Baur, N., & Michael, J. F. (2009). Stichprobenprobleme bei Online-Umfragen. In N. Jackob, H. Schoen, & T. Zerback (Hrsg.), *Sozialforschung im Internet. Methodologie und Praxis der Online-Befragung* (S. 109–128). Wiesbaden: VS.
Bekmeier-Feuerhahn, S. (2012). Sind Besucherbefragungen vertrauenswürdig? Der Implizite Assoziationstest in der Kulturnutzerforschung. In S. Bekmeier-Feuerhahn, K. van den Berg, & S. Höhne (Hrsg.), *Zukunft Publikum. Jahrbuch für Kulturmanagement 2012* (S. 265–294). Bielefeld: transcript.
Bekmeier-Feuerhahn, S., van den Berg, K., Höhne, S., Keller, R., Mandel, B., Tröndle, M., & Zembylas, T. (Hrsg.) (2012). *Zukunft Publikum. Jahrbuch für Kulturmanagement 2012*. Bielefeld: transcript.
Berekhoven, L., Eckert, W., & Ellenrieder, P. (1999). *Marktforschung. Methodische Grundlagen und praktische Anwendung* (8., überarb. Aufl.). Wiesbaden: Gabler.
Bogner, A., Littig, B., & Menz, W. (Hrsg.) (2009). *Das Experteninterview. Theorie, Methode, Anwendung* (3. grundleg. überarb. Aufl.). Wiesbaden: VS.
Böhm-Kasper, O., Schuchart, C., & Weishaupt, H. (2009). *Quantitative Methoden in der Erziehungswissenschaft*. Darmstadt: WBG.
Bonfadelli, H., & Friemel, T. (2017). *Medienwirkungsforschung*. (6., überarb. Aufl.). Konstanz: UVK.
Bortz, J., & Döring, N. (2003). *Forschungsmethoden und Evaluation für Human- und Sozialwissenschaftler*. Berlin: Springer.
Bortz, J., & Schuster, C. (2010) *Statistik für Human- und Sozialwissenschaftler* (7., vollst. überarb. u. erw. Aufl.). Berlin: Springer.
Bourdieu, P. (1998). *Die feinen Unterschiede. Kritik der gesellschaftlichen Urteilskraft* (10. Aufl.). Frankfurt am Main: Suhrkamp.

Brauerhoch, F.-O. (2005). Worüber reden wir, wenn wir vom „Publikum" sprechen. Verführungen der Kulturtheorie und Empirie. In Institut für Kulturpolitik der Kulturpolitischen Gesellschaft (Hrsg.), *Jahrbuch für Kulturpolitik 2005. Thema: Kulturpublikum* (S. 451–457). Essen: Klartext.
Brosius, F. (2013). *SPSS 21*. Heidelberg: mitp
Brosius, H. B., Haas, A., & Koschel, F. (2016). *Methoden der empirischen Kommunikationsforschung: Eine Einführung* (7., überarb. u. aktual. Aufl.). Wiesbaden: Springer VS.
Bugar, N. (2003). *Rückgewinnung ehemaliger Theaterbesucher am Beispiel des Stadttheaters Ulm. Wissenschaftliche Arbeit für die Magisterprüfung im Fach Kulturwissenschaft*. Ludwigsburg: Institut für Kulturmanagement.
Butzer-Strothmann, K., Günter, B., & Degen, H. (2001). *Leitfaden für Besucherbefragungen durch Theater und Orchester*. Baden-Baden: Nomos.
Ceynowa, K., & Hermann, M. (2016). Indoor-Navigation in Bibliotheken. Das Smartphone führt zum Lesesaal. Goethe-Institut. https://www.goethe.de/de/kul/bib/20847255.html. Zugegriffen: 29. März 2018.
Denzin, N. K. (1970). *The Research Act: A Theoretical Introduction to Sociological Methods* (2. Aufl.). Chicago: Aldine.
Deutscher Bühnenverein (2003). *Auswertung und Analyse der repräsentativen Befragung von Nichtbesuchern deutscher Theater*. Köln.
Diehl, J. M., & Arbinger, R. (2001). *Einführung in die Inferenzstatistik* (3., korr. Aufl.). Eschborn: Verlag Dietmar Klotz.
Diehl, J. M., & Kohr, H. U. (2004). *Deskriptive Statistik* (13. überarb. Aufl.) Eschborn: Verlag Dietmar Klotz.
Diekmann, A. (2012). *Empirische Sozialforschung. Grundlagen, Methoden, Anwendungen* (6. Aufl. d. vollst. überarb. und erw. Neuausgabe). Reinbek bei Hamburg: Rowohlt.
Döring, N., & Bortz, J. (2016). *Forschungsmethoden und Evaluation in den Sozial- und Humanwissenschaften* (5. vollst. überarb., aktual. u. erw. Aufl.). Berlin: Springer.
Dollase, R. (1998). Das Publikum in Konzerten, Theatervorstellungen und Filmvorführungen. In B. Strauß (Hrsg.), *Zuschauer* (S. 139–174). Göttingen: Hogrefe.
Dollase, R., Rüsenberg, M., & Stollenwerk, H. J. (1986). *Demoskopie im Konzertsaal*. Mainz: Schott.
Dollase, R., Rüsenberg, M., & Stollenwerk, H. J. (1978). *Das Jazzpublikum. Zur Sozialpsychologie einer kulturellen Minderheit*. Mainz: Schott.
Duller, C. (2013). *Einführung in die Statistik mit EXCEL und SPSS: Ein anwendungsorientiertes Lehr- und Arbeitsbuch* (3. Aufl.). Berlin: Springer Gabler.
Eco, U. (1977). *Das offene Kunstwerk*. Frankfurt am Main: Suhrkamp.
Ehlers, U.-D. (2005). Qualitative Onlinebefragung. In L. Mikos, & C. Wegener (Hrsg.), *Qualitative Medienforschung. Ein Handbuch* (S. 279–290). Stuttgart: UTB.
Fink, T., Hill, B., & Reinwand, V.-I. (Hrsg.) (2015). *Forsch! Innovative Forschungsmethoden für die Kulturelle Bildung*. München: kopaed.
Fink, T., Hill, B., Reinwand, V.-I., & Wenzlik, A. (Hrsg.) (2012). *Die Kunst, über Kulturelle Bildung zu forschen. Theorie- und Forschungsansätze*. München: kopaed.
Fischer-Lichte, E. (1997). *Die Entdeckung des Zuschauers. Paradigmenwechsel auf dem Theater des 20. Jahrhunderts*. Tübingen: Francke.
Fishkin, J. S. (o. J.). Deliberative Polling®: Toward a Better-Informed Democracy. http://cdd.stanford.edu/polls/docs/summary/#exec. Zugegriffen: 24. März 2011.
Fishkin, J. S. (1991). *Democracy and Deliberation*. New Haven, CT: Yale University Press.

Literatur

Flick, U. (2015). *Qualitative Forschung: ein Handbuch* (11. Aufl.). Reinbek bei Hamburg: Rowohlt.
Flick, U. (2012). *Qualitative Sozialforschung: eine Einführung* (vollst. überarb. u. erw. Neuausgabe, 5. Aufl.). Reinbek bei Hamburg: Rowohlt.
Flick, U. (2011). *Triangulation. Eine Einführung* (2., aktual. Aufl.). Wiesbaden: VS.
Flick, U., von Kardoff, E., & Steinke I. (Hrsg.) (2007). *Qualitative Forschung. Ein Handbuch* (5. Aufl.). Reinbek bei Hamburg: Rowohlt.
Föhl, P., & Glogner-Pilz, P. (2016). Spartenübergreifende Kulturpublikumsforschung. In P. Glogner-Pilz, & P. Föhl (Hrsg.), *Handbuch Kulturpublikum. Forschungsfragen und -befunde* (S. 175–205). Wiesbaden: Springer VS.
Föhl, P., & Nübel, D. (2016). Das Publikum öffentlicher Theater. Ergebnisse der empirischen Forschung. In P. Glogner-Pilz & P. Föhl (Hrsg.), *Handbuch Kulturpublikum. Forschungsfragen und -befunde* (S. 207–253). Wiesbaden: Springer VS.
Frey, J. H., Kunz, G., & Lüschen, G. (1990). *Telefonumfragen in der Sozialforschung. Methoden, Techniken, Befragungspraxis.* Opladen: Westdeutscher Verlag.
Friebertshäuser, B., Langer, A., & Prengel, A. (Hrsg.) (2010). *Handbuch Qualitative Forschungsmethoden in der Erziehungswissenschaft* (3. vollst. überarb. Aufl.). Weinheim: Juventa.
Friedrichs, J. (1990). *Methoden empirischer Sozialforschung* (14. Aufl.). Opladen: Westdeutscher Verlag.
Früh, W. (2017). *Inhaltsanalyse: Theorie und Praxis* (9., überarb. Aufl.). Konstanz: UVK.
Fuchs, M., & Liebald, C. (Hrsg.) (1995). *Wozu Kulturarbeit? Wirkungen von Kunst und Kulturpolitik und ihre Evaluierung.* Remscheid: Bundesvereinigung kulturelle Kinder- und Jugendarbeit e. V.
Gebhardt, W., & Zingerle, A. (1998). *Pilgerfahrt ins Ich. Die Bayreuther Richard Wagner-Festspiele und ihr Publikum. Eine kultursoziologische Studie.* Konstanz: UVK.
Glaser, B. G., & Strauss, A. L. (1998). *Grounded theory: Strategien qualitativer Forschung.* Bern: Huber.
Gläser, J., & Laudel, G. (2009). *Experteninterviews und qualitative Inhaltsanalyse* (3. überarb. Aufl.). Wiesbaden: VS.
Glogner-Pilz, P. (2017). Empirische Methoden der Besucherforschung. In A. Klein (Hrsg.), *Kompendium Kulturmanagement. Handbuch für Studium und Praxis* (4. Aufl.) (S. 337–360). München: Vahlen.
Glogner, P. (2009). Publikumsforschung und Bürgerbefragungen im Rahmen regionaler Kooperationsprozesse. In P. S. Föhl, & I. Neisener (Hrsg.), *Regionale Kooperationen im Kulturbereich. Theoretische Grundlagen und Praxisbeispiele* (S. 129–138). Bielefeld: transcript.
Glogner, P. (2006). *Kulturelle Einstellungen leitender Mitarbeiter kommunaler Kulturverwaltungen. Empirisch-kultursoziologische Untersuchungen.* Wiesbaden: DUV.
Glogner, P. (2002a). Filmpublika und filmbezogener Nonkonformismus. Ausgewählte Ergebnisse einer Befragung von Kinobesuchern. *tv diskurs 19*, 76–79.
Glogner, P. (2002b). Sozial-ästhetische Umgehensweisen mit Filmen. Ausgewählte Ergebnisse einer empirischen Untersuchung von Kinobesuchern. In W. Heinrichs, & A. Klein (Hrsg.), *Deutsches Jahrbuch für Kulturmanagement 2001* (Bd. 5) (S. 91–111). Baden-Baden: Nomos.
Glogner, P. (2002c). Altersspezifische Umgehensweisen mit Filmen. Teilergebnisse einer empirischen Untersuchung zur kultursoziologischen Differenzierung von Kinobesuchern. In R. Müller, P. Glogner, S. Rhein, & J. Heim (Hrsg.), *Wozu Jugendliche Musik und Medien*

gebrauchen. Jugendliche Identität und musikalische und mediale Geschmacksbildung (S. 98–111). Weinheim: Juventa.

Glogner-Pilz, P., & Föhl, P. (Hrsg.) (2016a). *Handbuch Kulturpublikum. Forschungsfragen und -befunde*. Wiesbaden: Springer VS.

Glogner-Pilz, P., & Föhl, P. (2016b). Zur Relevanz empirischer Kulturpublikumsforschung. Eine Einführung in das Handbuch. In P. Glogner-Pilz, & P. Föhl (Hrsg.), *Handbuch Kulturpublikum. Forschungsfragen und -befunde* (S. 19–33). Wiesbaden: Springer VS.

Glogner-Pilz, P., & Kolb, F. (2014). Möglichkeiten der Neuen Medien für Besucherforschung und Evaluation. In A. Hausmann, & L. Frenzel (Hrsg.), *Kulturvermittlung 2.0: Neue Medien und ihre Potenziale* (S. 183–202). Wiesbaden: VS.

Glogner, P., & Rhein, S. (2005). Neue Wege in der Publikums- und Rezeptionsforschung? Zum Verhältnis der empirischen Medienpublikums- und Kulturpublikumsforschung. In Institut für Kulturpolitik der kulturpolitischen Gesellschaft (Hrsg.), *Jahrbuch für Kulturpolitik 2005. Thema: Kulturpublikum* (S. 431–439). Essen: Klartext.

Greenwald, A. G., McGhee, D., & Schwartz, J. L. K. (1998). Measuring Individual Differences in Implicit Cognition: The Implicit Association Test. *Journal of Personality and Social Psychology 74/6*, 1464–1480.

Günter, B. (2016). Nachwort: Sinn und Unsinn der Kulturpublikumsforschung. Schwierigkeiten, Möglichkeiten, kritische Anmerkungen und Anregungen. In P. Glogner-Pilz, & P. Föhl (Hrsg.), *Handbuch Kulturpublikum. Forschungsfragen und -befunde* (S. 649–663). Wiesbaden: Springer VS.

Hamer, G. (Hrsg.) (2014). *Wechselwirkungen. Kulturvermittlung und ihre Effekte*. München: kopaed.

Häder, M., & Häder, S. (2009). *Telefonbefragungen über das Mobilfunknetz: Konzept, Design und Umsetzung einer Strategie zur Datenerhebung*. Wiesbaden: VS.

Häder, S., & Glemser, A. (2006). Stichprobenziehung für Telefonumfragen in Deutschland. In: A. Diekmann (Hrsg.), *Methoden der Sozialforschung. Sonderheft 44 der Kölner Zeitschrift für Soziologie und Sozialpsychologie* (S. 148–171). Köln: VS.

Hallenberg, B. (2017). Unser Leben in Deutschland. Die neuen Migrantenmilieus. Erkenntnisse aus dem qualitativen Teil der vhw-Migrantenmilieustudie 2017/2018. In *vhw werkSTADT 14*, 1–15.

Hansen, K. M. (2004). *Deliberative Democracy and Opinion Formation*. Odense: University Press of Southern Denmark.

Hartmann, P. H., & Höhne, I. (2007). MNT 2.0. Zur Weiterentwicklung der MedienNutzer-Typologie. *Media Perspektiven 5*, 235–241.

Hartmann, P. H., & Schlomann, A. (2015). MNT 2015: Weiterentwicklung der MedienNutzerTypologie. *Media Perspektiven 11*, 497–504.

Hausmann, A., & Günter, B. (2012). *Kulturmarketing* (2., überarb. u. erw. Aufl.). Wiesbaden: VS.

Hausmann, A., & Helm, S. (Hrsg.). (2006). *Kundenorientierung im Kulturbetrieb. Grundlagen – innovative Konzepte – praktische Umsetzungen*. Wiesbaden: VS.

Henecka, H. P. (1985). *Grundkurs Soziologie*. Opladen: Leske & Budrich.

Hennefeld, V., & Stockmann, R. (Hrsg.) (2013). *Evaluation in Kultur und Kulturpolitik. Eine Bestandsaufnahme*. Münster: Waxmann.

Hopf, C. (2007). Qualitative Interviews – ein Überblick. In U. Flick, E. von Kardoff, & I. Steinke (Hrsg), *Qualitative Forschung. Ein Handbuch* (5. Aufl.) (S. 349–360). Reinbek bei Hamburg: Rowohlt.

Literatur

Höhne, S., & Bekmeier-Feuerhahn, S. (2012). Zur Einführung in das Jahrbuch für Kulturmanagement 2012. In S. Bekmeier-Feuerhahn, K. van den Berg, & S. Höhne (Hrsg.), *Zukunft Publikum. Jahrbuch für Kulturmanagement 2012* (S. 11–12). Bielefeld: transcript.

Huber, N., & Meyen, M. (Hrsg.) (2006). *Medien im Alltag. Qualitative Studien zu Nutzungsmotiven und zur Bedeutung von Medienangeboten*. Berlin: LIT.

Huber, O. (2009). *Das psychologische Experiment. Eine Einführung* (5. überarb. Aufl.). Bern: Huber Verlag.

Institut für Kulturpolitik der Kulturpolitischen Gesellschaft (Hrsg.) (2006). *publikum. macht. kultur. Kulturpolitik zwischen Angebots- und Nachfrageorientierung. Dokumentation des 3. Kulturpolitischen Bundeskongresses am 23./24. Juni 2005 in Berlin*. Essen: Klartext.

Institut für Kulturpolitik der Kulturpolitischen Gesellschaft (Hrsg.) (2005). *Jahrbuch für Kulturpolitik 2005. Thema: Kulturpublikum*. Essen: Klartext.

Jackob, N., Schoen, H., & Zerback, T. (Hrsg.) (2009). *Sozialforschung im Internet. Methodologie und Praxis der Online-Befragung*. Wiesbaden: VS.

Keuchel, S. (2012). *Das 1. InterKulturBarometer. Migration als Einflussfaktor auf Kunst und Kultur*. Köln: ARCult Media.

Keuchel, S. (2011). Abwärtstrend gestoppt – Nachwuchsarbeit muss der noch weiter intensiviert werden ... Ergebnisse aus dem 9. KulturBarometer. http://www.miz.org/dokumente/2011_KulturBarometer.pdf. Zugegriffen: 19. Februar 2018.

Keuchel, S., & Larue, D. (2012). *Das 2. Jugend-KulturBarometer. „Zwischen Xavier Naidoo und Stefan Raab..."*. Köln: ARCult Media.

Keuchel, S., & Wiesand, A. (2008). *Das KulturBarometer 50+. „Zwischen Bach und Blues ..."*. Bonn: ARCult Media.

Keuchel, S., & Wiesand, A. (Hrsg.). (2006). *Das 1. Jugend-KulturBarometer. „Zwischen Eminem und Picasso..."*. Bonn: ARCult Media.

Keul, A. G., & Kühberger, A. (1996). *Die Straße der Ameisen – Beobachtungen und Interviews zum Salzburger Städtetourismus*. München: Profil.

Klein, A. (Hrsg.) (2017). *Kompendium Kulturmanagement. Handbuch für Studium und Praxis* (4. Aufl.). München: Vahlen.

Klein, A. (2011a). *Kulturmarketing. Das Marketingkonzept für Kulturbetriebe* (3., aktual. Aufl.). München: DTV.

Klein, A. (Hrsg.) (2011b). *Kompendium Kulturmarketing: Handbuch für Studium und Praxis*. München: Vahlen.

Klein, A. (2009). *Leadership im Kulturbetrieb*. Wiesbaden: VS.

Klein, A. (2008). *Besucherbindung im Kulturbetrieb. Ein Handbuch* (2. Aufl.). Wiesbaden: VS.

Knava, I. (2014). *Audiencing II – Kultureller Mehrwert statt Skandal: Qualitätsmanagement für Kulturbetriebe. Aus der Praxis für die Praxis*. Wien: facultas.wuv.

Knava, I. (2009). *Audiencing: Besucherbindung und Stammpublikum für Theater, Oper, Tanz und Orchester*. Wien: facultas.wuv.

Koch, W., & Frees, B. (2017). ARD/ZDF-Onlinestudie 2017: Neun von zehn Deutschen online. Ergebnisse aus der Studienreihe „Medien und ihr Publikum" (MiP). *Media Perspektiven 9*, 434–446.

Konietzko, S., Kuschel, S., & Reinwand-Weiss, V.-I. (Hrsg.) (2017). *Von Mythen zu Erkenntnissen? Empirische Forschung in der Kulturellen Bildung*: München kopaed.

Kromrey, H., Roose, J., & Strüting, J. (2016). *Empirische Sozialforschung. Modelle und Methoden der standardisierten Datenerhebung und Datenauswertung mit Annotationen aus qualitativ-interpretativer Perspektive* (13., völlig überarb. Aufl.). Konstanz: UVK.

Kruse, L., Graumann, C.-F., & Lantermann, E.-D. (Hrsg.) (1996). *Ökologische Psychologie. Ein Handbuch in Schlüsselbegriffen*. München: Beltz PVU.
Kuchenbuch, K. (2005). Kulturverständnis in der Bevölkerung. Ergebnisse einer qualitativen Studie in Ost- und Westdeutschland. *Media Perspektiven 2*, 61–69.
Kuckartz, U. (2016). *Qualitative Inhaltsanalyse. Methoden, Praxis, Computerunterstützung* (3., überarb. Aufl.). Weinheim: Beltz Juventa.
Kuckartz, U. (2010). *Einführung in die computerunterstützte Analyse qualitativer Daten* (3. aktual. Aufl.). Wiesbaden: VS.
Kuckartz, U., Ebert, T., Rädiker, S., & Stefer, C. (2009). *Evaluation online: Internetgestützte Befragung in der Praxis*. Wiesbaden: VS.
Kunißen, K, Eicher, D., & Otte, G. (2018). Sozialer Status und kultureller Geschmack. Ein methodenkritischer Vergleich empirischer Überprüfungen der Omnivore-Univore-These. In J. Böcker, L. Dreier, M. Eulitz, A. Frank, M. Jakob, & A. Le Istner (Hrsg.), *Zum Verhältnis von Empirie und kultursoziologischer Theoriebildung: Stand und Perspektiven* (S. 209–235). Weinheim: Beltz.
Lamnek, S. (2005). *Gruppendiskussion. Theorie und Praxis* (2. überarb. u. erw. Aufl.). Weinheim: Beltz.
Lamnek, S., & Krell, C. (2016). *Qualitative Sozialforschung* (6. Aufl.). Weinheim: Beltz PVU.
Langer, A. (2010). Transkribieren – Grundlagen und Regeln. In B. Friebertshäuser, A. Langer, & A. Prengel (Hrsg.), *Handbuch Qualitative Forschungsmethoden in der Erziehungswissenschaft* (3., vollst. überarb. Aufl.) (S. 515–526). Weinheim: Juventa.
Liebau, E., Klepacki, L., & Jörissen, B. (Hrsg.) (2014). *Erforschung kultureller und ästhetischer Bildung. Metatheorien und Methodologien*. München: kopaed.
Mandel, B. (Hrsg.) (2016). *Teilhabeorientierte Kulturvermittlung: Diskurse und Konzepte für eine Neuausrichtung des öffentlich geförderten Kulturlebens*. Bielefeld: transcript.
Mandel, B. (2013). *Interkulturelles Audience Development: Zukunftsstrategien für öffentlich geförderte Kultureinrichtungen*. Bielefeld: transcript.
Mandel, B. (Hrsg.) (2008). *Audience Development, Kulturmanagement, Kulturelle Bildung. Konzeptionen und Handlungsfelder der Kulturvermittlung*. München: kopaed.
Mandel, B. (Hrsg.) (2005). *Kulturvermittlung zwischen kultureller Bildung und Kulturmarketing. Eine Profession mit Zukunft*. Bielefeld: transcript.
Mandel, B., & Renz, T. (2016). Neue Ansätze der Kulturnutzerforschung. In P. Glogner-Pilz, & P. Föhl (Hrsg.), *Handbuch Kulturpublikum. Forschungsfragen und -befunde* (S. 587–610). Wiesbaden: Springer VS.
Maurer, M., & Jandura, O. (2009). Masse statt Klasse? Einige kritische Anmerkungen zu Repräsentativität und Validität von Online-Befragungen. In N. Jackob, H. Schoen, & T. Zerback (Hrsg.), *Sozialforschung im Internet. Methodologie und Praxis der Online-Befragung* (S. 61–73). Wiesbaden: VS.
Mayring, P. (2016). *Einführung in die qualitative Sozialforschung* (6., überarb. Aufl.). Weinheim: Beltz.
Mayring, P. (2015). *Qualitative Inhaltsanalyse. Grundlagen und Techniken* (12., überarb. Aufl.). Weinheim: Beltz.
Mayring, P., & Gläser-Zikuda, M. (2008) (Hrsg.). *Die Praxis der qualitativen Inhaltsanalyse* (2., neu ausgest. Aufl.). Weinheim: Beltz.
Mensching, A., Siekierski, E., & Wohlers, L. (2004). „Ein Tag im Museum" (TIM). Möglichkeiten weitgehend unstrukturierter Beobachtungen im Rahmen von Ausstellungsevaluationen. INFU-Diskussionsbeiträge 23/2004. https://www.leuphana.de/fileadmin/

user_upload/Forschungseinrichtungen/infu/files/infu-reihe/23_04.pdf. Zugegriffen: 6. März 2018.
Ministerpräsident des Landes Nordrhein-Westfalen (2010). Von Kult bis Kultur. Von Lebenswelt bis Lebensart. Ergebnisse der Repräsentativuntersuchung „Lebenswelten und Milieus der Menschen mit Migrationshintergrund in Deutschland und NRW". http://www.interkulturpro.de/ik_pdf/Sinus-Studie_2009.pdf. Zugegriffen: 6. März 2018.
Müller, R. (2003). Aktuelle Forschungsschwerpunkte der Musiksoziologischen Forschungsstelle: Primär- und Sekundäranalysen zur MultiMedia-Forschung. Ludwigsburger Beiträge zur Medienpädagogik 4. https://www.ph-ludwigsburg.de/fileadmin/subsites/1b-mpxx-t-01/user_files/Online-Magazin/Ausgabe4/mueller.pdf. Zugegriffen: 6. März 2018.
Müller, R. (2002). Präsentative Methoden zur Erforschung des Umgehens Jugendlicher mit Musik und Medien. Der MultiMedia-Computer als Erhebungsinstrument in der Jugendforschung. In R. Müller, P. Glogner, S. Rhein, & J. Heim (Hrsg.), *Wozu Jugendliche Musik und Medien gebrauchen. Jugendliche Identität und musikalische und mediale Geschmacksbildung* (S. 243–256). Weinheim: Juventa.
Müller, R. (2001). Präsentative Methoden in der Publikumsbefragung. Möglichkeiten des Fragebogen-Autorensystems MultiMedia FrAuMuMe. In W. Heinrichs, & A. Klein (Hrsg.), *Deutsches Jahrbuch für Kulturmanagement 2000* (Bd. 4) (S. 112–121). Baden-Baden: Nomos.
Müller, R. (1990). *Soziale Bedingungen der Umgehensweisen Jugendlicher mit Musik. Theoretische und empirisch-statistische Untersuchung zur Musikpädagogik*. Essen: Die Blaue Eule.
Müller, R., Rhein, S., Calmbach, M. (2006). „What difference does it make?" Die empirische Ästhetik von The Smiths: Eine audiovisuelle Studie zur sozialen Bedeutung des Musikgeschmacks. Ludwigsburger Beiträge zur Medienpädagogik 9. https://www.ph-ludwigsburg.de/fileadmin/subsites/1b-mpxx-t-01/user_files/Online-Magazin/Ausgabe9/Mueller9.pdf. Zugegriffen: 6. März 2018.
Müller, R., Dongus, N., Ebert, S., Glogner, P., & Kreutle, A. (1999). Identitätskonstruktion mit Medien und Musik. Ein empirisches Forschungsprogramm mit MultiMedia-Fragebögen. *medien praktisch 1*, 26–30.
Neuwöhner, U., & Klinger, W. (2011). Kultur, Medien und Publikum 2011. Eine Analyse auf Basis der Ergebnisse einer Repräsentativbefragung. *Media Perspektiven 12*, 592–607.
Noetzel, R. (1991). Theater unterwegs – Ein Beitrag zum Kulturmarketing. *Planung und Analyse 5*, 175–179.
Oehmichen, E. (2007). Die neue MedienNutzerTypologie MNT 2.0. Veränderungen und Charakteristika der Nutzertypen. *Media Perspektiven 5*, 226–234.
Opp, K.-D. (2014). *Methodologie der Sozialwissenschaften. Einführung in Probleme ihrer Theoriebildung und praktischen Anwendung* (7., wesentl. überarb. Aufl.). Wiesbaden: Springer VS.
Parzer, M. (2010). Leben mit Pop. Kulturelle Allesfresser im Netzwerkkapitalismus. In S. Neckel (Hrsg.), *Kapitalistischer Realismus: von der Kunstauktion zur Gesellschaftskritik* (S. 165–183). Frankfurt am Main: Campus.
Potthof, M (Hrsg.) (2016). *Schlüsselwerke der Medienwirkungsforschung*. Wiesbaden: VS.
Prommer, E. (2017). Rezeptionsforschung. In L. Mikos, & C. Wegener (Hrsg.), *Qualitative Medienforschung. Ein Handbuch* (2., völlig überarb. u. erw. Aufl.) (S. 249–255). Konstanz: UTB.
Prommer, E. (1999). *Kinobesuch im Lebenslauf. Eine historische und medienbiographische Studie*. Konstanz: UVK.
Pröbstle, Y. (2014). *Kulturtouristen. Eine Typologie*. Wiesbaden: VS.

Reinwand-Weiß, V-I. (2013). Wirkungsforschung in der Kulturellen Bildung. In V. Hennefeld, & R. Stockmann (Hrsg.), *Evaluation in Kultur und Kulturpolitik. Eine Bestandsaufnahme* (S. 111–136). Münster: Waxmann.
Renz, T. (2015). *Nicht-Besucherforschung: die Förderung kultureller Teilhabe durch Audience Development*. Bielefeld: transcript.
Renz, T. (2012). Von der Kunst, das Publikum standardisiert zu erforschen. Ein Beitrag zur Entwicklung der Methodik in der empirischen Kulturnutzerforschung. In S. Bekmeier-Feuerhahn, K. van den Berg, & S. Höhne (Hrsg.), *Zukunft Publikum. Jahrbuch für Kulturmanagement 2012* (S. 171–198). Bielefeld: transcript.
Renz, T. & Mandel, B. (2010). Barrieren der Nutzung kultureller Einrichtungen. Eine qualitative Annäherung an Nicht-Besucher. https://hildok.bsz-bw.de/files/204/onlinetext_nicht_besucher_renz_mandel_neueste_version10_04_26.pdf. Zugegriffen: 29. März 2018.
Reuband, K.-H. (2017). Soziale Transformationen des Kulturpublikums. Empirische Befunde und offene Fragen. *Kulturpolitische Mitteilungen 157*, 78–80.
Reuband, K.-H. (2016). Besucherstudien: Probleme, Perspektiven und Befunde Eine Bestandsaufnahme für die Kulturpolitische Gesellschaft. Landeskulturbericht Nordrhein-Westfalen. https://www.mkw.nrw/fileadmin/Medien/Dokumente/reuband_besucherstudien_probleme_perspektiven_befunde_langfassung_netz.pdf. Zugegriffen: 29. März 2018.
Reuband, K.-H. (2010). Kultur als Refugium in einer krisenhaften, unübersichtlichen Welt? Krisenerleben und Nutzung kultureller Einrichtungen in der Bevölkerung – Empirische Befunde. *Kulturpolitische Mitteilungen 129*, 64–66.
Reuband, K.-H. (2007). Partizipation an der Hochkultur und die Überschätzung kultureller Kompetenz. Wie sich das Sozialprofil der Opernbesucher in Bevölkerungs- und Besucherbefragungen (partiell) unterscheidet. *Österreichische Zeitschrift für Soziologie 32/3*, 46–70.
Reussner, E. (2010). *Publikumsforschung für Museen: Internationale Erfolgsbeispiele*. Bielefeld: transcript.
Rhein, S. (2016). Musikpublikum und Musikpublikumsforschung. In P. Glogner-Pilz, & P. Föhl (Hrsg.), *Handbuch Kulturpublikum. Forschungsfragen und -befunde* (S. 285–327) Wiesbaden: Springer VS.
Rhein, S. (2000). Teenie-Fans: Stiefkinder der Populärmusikforschung. Eine Befragung Jugendlicher am MultiMediaComputer über ihre Nutzung fankultureller Angebote. In W. Heinrichs, & A. Klein (Hrsg.), *Deutsches Jahrbuch für Kulturmanagement 1999* (Bd. 3) (S. 165–194). Baden-Baden: Nomos.
Rittelmeyer, C. (2010). *Warum und wozu ästhetische Bildung? Über Transferwirkungen künstlerischer Tätigkeiten. Ein Forschungsüberblick*. Oberhausen: Athena.
Rössler, P. (2017). *Inhaltsanalyse* (3., überarb. Aufl.). Konstanz: UVK.
Ruth, N., & Thomamüller, C. (2015). Wie viel Gewalt steckt in populärer Musik? Ein inhaltsanalytischer Genrevergleich zur Gewaltdarstellung. Oldenburg: DGM. https://www.researchgate.net/publication/281745763. Zugegriffen: 12. April 2018.
Schenk, M. (2007): *Medienwirkungsforschung* (3. Aufl.). Tübingen: Mohr Siebeck.
Schlemm, V. (2003). *Database Marketing im Kulturbetrieb. Wege zu einer individuellen Besucherbindung im Theater*. Bielefeld: transcript.
Schmidt, C. (1997). „Am Material": Auswertungstechniken für Leitfadeninterviews. In B. Friebertshäuser, & A. Prengel (Hrsg.), *Handbuch Qualitative Forschungsmethoden in der Erziehungswissenschaft* (S. 544–568). Weinheim: Juventa.
Schnell, R., Hill, P. B., & Esser, E. (2013). *Methoden der empirischen Sozialforschung* (10., überarb. Aufl.). München: Oldenbourg.

Literatur

Scholl, A. (2009). *Die Befragung* (2., überarb. Aufl.). Konstanz: UTB.
Schöneck, N. M., & Voß, W. (2005). *Das Forschungsprojekt. Planung, Durchführung und Auswertung einer quantitativen Studie.* Wiesbaden: VS.
Schulze, G. (1997). *Die Erlebnisgesellschaft. Kultursoziologie der Gegenwart* (7. Aufl.). Frankfurt am Main: Campus.
Schütze, F. (1977). *Die Technik des narrativen Interviews in Interaktionsfeldstudien dargestellt an einem Projekt zur Erforschung von kommunalen Machtstrukturen. Arbeitsberichte und Materialen Nr. 1.* Bielefeld: Universität Bielefeld, Fakultät für Soziologie.
Schützenhöfer, P., & Ebster, C. (2006). UCI Kinowelt – Optimierung des Wartebereichs. In U. Wagner, H. Reisinger, C. Schwand, & D. Hoppe (Hrsg.), *Fallstudien aus der österreichischen Marketingpraxis. Ein Arbeitsbuch zu den Grundzügen des Marketing* (Bd. 4) (S. 51–59). Wien: WUV.
Schweiger, W. (2018). Opernkritiker – geheime Verführer oder entfremdete Elite? Eine Inhalts- und Wirkungsanalyse von Opernrezensionen. In K.-H. Reuband (Hrsg.), *Oper, Publikum und Gesellschaft* (S. 211–237). Wiesbaden: Springer VS.
Siebenhaar, K. (2015). *Auftrag Publikum: der Hochkulturbetrieb zwischen Audience Development und Ereignisästhetik.* Berlin: B&S Siebenhaar.
Siebenhaar, K. (2009). *Audience Development: oder die Kunst, neues Publikum zu gewinnen.* Berlin: B&S Siebenhaar.
Stockmann, R., & Hennefeld, V. (2016). Evaluation und Publikumsforschung. Schnittmengen, Stellenwert und Bedeutung sowie methodische Überlegungen. In P. Glogner-Pilz, & P. Föhl (Hrsg.), *Handbuch Kulturpublikum. Forschungsfragen und -befunde* (S. 105–140). Wiesbaden: Springer VS.
Strauss, A., & Corbin, J. (1996). *Grounded Theory: Grundlagen qualitativer Sozialforschung.* Weinheim: Beltz PVU.
Szlatki, M. (2009). Lebensstil und Bibliotheksnutzung. Eine neue Qualität der Zielgruppenbetrachtung im Kulturbetrieb. *Kulturpolitische Mitteilungen 125,* 56–57.
Szlatki, M. (2008). *Lebensstilanalyse und Nutzungsverhalten in der Bibliothek. Wissenschaftliche Arbeit für die Magisterprüfung im Magister-Aufbaustudiengang „Kulturmanagement" an der Pädagogischen Hochschule Ludwigsburg.* Ludwigsburg: Institut für Kulturmanagement.
Taddicken, M., & Batinic, B. (2014). Die standardisierte Online-Befragung. In: M. Welker, M. Taddicken, J.-H. Schmidt, & N. Jackob (Hrsg.), *Handbuch Online-Forschung. Sozialwissenschaftliche Datengewinnung und -auswertung in digitalen Netzen* (S. 151–175). Köln: Vahlen.
Tauchnitz, J. (2004): Bühnenbesuche als Ausdruck des Träumens von einer menschlicheren, friedvolleren Welt. *TheaterManagement aktuell 32,* 14 f.
Tesch, R. (1992). Verfahren der computerunterstützten qualitativen Analyse. In G. L. Huber (Hrsg.), *Qualitative Analyse. Computereinsatz in der Sozialforschung* (S. 43–69). München: Oldenbourg.
Trautmann, T. (2009). *Interviews mit Kindern: Grundlagen, Techniken, Besonderheiten, Beispiele.* Wiesbaden: Springer VS.
Tröndle, M., Wintzerith, S., Wäspe, R., & Tschacher, W. (2012). Ein Museum für das 21. Jahrhundert. Wie Sozialität die Kunstrezeption beeinflusst und welche Herausforderungen dies für die kuratorische Praxis mit sich bringt. In S. Bekmeier-Feuerhahn, K. van den Berg, & S. Höhne (Hrsg.), *Zukunft Publikum. Jahrbuch für Kulturmanagement 2012* (S. 75–106). Bielefeld: transcript.

Tröndle, M., Kirchberg, V., Wintzerith, S., van den Berg, K., & Greenwood, S. (2008). Innovative Museums- und Besucherforschung am Beispiel des Schweizerischen Nationalforschungsprojektes eMotion. *KM Magazin 26*.
van den Berg, K., Omlin, S., & Tröndle, M. (2011). Das Kuratieren von Kunst und Forschung zur Kunstforschung. In M. Tröndle, & J. Warmers (Hrsg.), *Kunstforschung als ästhetische Wissenschaft. Beiträge zur transdisziplinären Hybridisierung von Wissenschaft und Kunst* (S. 21-47). Bielefeld: transcript.
Vogt, S. (2015). *Interviews mit Kindern führen: Eine praxisorientierte Einführung, Weinheim*. Basel: Beltz Juventa.
Walther, E., Preckel, F., & Mecklenbräuker, S. (2010). *Befragung von Kindern und Jugendlichen. Grundlagen, Methoden und Anwendungsfelder*. Göttingen: Hogrefe.
Wegner, N. (2015). *Publikumsmagnet Sonderausstellung – Stiefkind Dauerausstellung? Erfolgsfaktoren einer zielgruppenorientierten Museumsarbeit*. Bielefeld: transcript.
Welker, M., Taddicken, M., Schmidt, J.-H., & Jackob, N. (Hrsg.) (2014). *Handbuch Online-Forschung. Sozialwissenschaftliche Datengewinnung und -auswertung in digitalen Netzen*. Köln: Vahlen.
Welker, M. (2014a). Normalisierung und Ausdifferenzierung von Online-Forschung. In M. Welker, M. Taddicken, J.-H. Schmidt, & N. Jackob (Hrsg.), *Handbuch Online-Forschung. Sozialwissenschaftliche Datengewinnung und -auswertung in digitalen Netzen* (S. 14–41). Köln: Vahlen.
Welker, M. (2014b). Logfile-Analysen: Einsatz und Problemfelder. In M. Welker, M. Taddicken, J.-H. Schmidt, & N. Jackob (Hrsg.), *Handbuch Online-Forschung. Sozialwissenschaftliche Datengewinnung und -auswertung in digitalen Netzen* (S. 303–324). Köln: Vahlen.
Wickert, L. (2006). „Das muss schon Samt sein – das verbindet man mit Theater." Das Theater und sein Publikum. In N. Huber, & M. Meyen (Hrsg.), *Medien im Alltag. Qualitative Studien zu Nutzungsmotiven und zur Bedeutung von Medienangeboten* (S. 247–266). Berlin: LIT.
Wiesand, A. J. (2005). Was zählt: Angebot oder Nachfrage? Fünf Fragen an die empirische Kulturforschung und erste Antworten. In Institut für Kulturpolitik der kulturpolitischen Gesellschaft (Hrsg.), *Jahrbuch für Kulturpolitik 2005. Thema: Kulturpublikum* (S. 441–450). Essen: Klartext.
Wiesand, A. J. (1998). *„Das individuelle Museum". Projektbericht für ARS, Colonia*. Bonn. Zitiert nach: Wiesand, A. J. (2005). Was zählt: Angebot oder Nachfrage? Fünf Fragen an die empirische Kulturforschung und erste Antworten. In Institut für Kulturpolitik der kulturpolitischen Gesellschaft (Hrsg.), *Jahrbuch für Kulturpolitik 2005. Thema: Kulturpublikum* (S. 441–450). Essen: Klartext.
Witt, H. (2001). Forschungsstrategien bei quantitativer und qualitativer Sozialforschung. Forum Qualitative Sozialforschung. http://www.qualitative-research.net/index.php/fqs/article/view/969/2114. Zugegriffen: 6. März 2018.
Witzel, A. (1985). Das problemzentrierte Interview. In G. Jüttemann (Hrsg.), *Qualitative Forschung in der Psychologie. Grundfragen, Verfahrensweisen, Anwendungsfelder* (S. 227–255). Weinheim: Beltz PVU.
Wünsch, C., Schramm, H., Gehrau, V., & Bilandzic, H. (Hrsg.) (2014): *Handbuch Medienrezeption*. Baden-Baden: Nomos.
Wünsch, C., Nitsch, C., & Eilders, C. (2012): Politische Kultivierung am Vorabend. Ein prolonged-exposure-Experiment zur Wirkung der Fernsehserie „Lindenstraße". *Medien & Kommunikation* 2, 176–196.

Zentrum für Audience Development (ZAD) (2007). *Besucherforschung in öffentlichen deutschen Kulturinstitutionen*. Eine Untersuchung des Zentrums für Audience Development (ZAD) am Institut für Kultur- und Medienmanagement der Freien Universität Berlin. Berlin.

Zentrum für Kulturforschung (1991). *1. KulturBarometer*. Bonn: ARCult.

Zerback, T., & Maurer, M. (2014). Repräsentativität in Online-Befragungen. In M. Welker, M. Taddicken, J.-H. Schmidt, & N. Jackob (Hrsg.), *Handbuch Online-Forschung. Sozialwissenschaftliche Datengewinnung und -auswertung in digitalen Netzen* (S. 76–103). Köln: Vahlen.

Zerback, T., Schoen, H., Jackob, N., & Schlereth, S. (2009). Zehn Jahre Sozialforschung im Internet – Eine Analyse zur Nutzung von Online-Umfragen in den Sozialwissenschaften. In N. Jackob, H. Schoen, & T. Zerback (Hrsg.), *Sozialforschung im Internet. Methodologie und Praxis der Online-Befragung* (S. 15–31). Wiesbaden: VS.

Zwerenz, K. (2015). *Statistik: Einführung in die computergestützte Datenanalyse* (6. Aufl.). Berlin: de Gruyter.